P9-ARP-294

DU MÊME AUTEUR

Aux Éditions Gallimard

LE JEU DE LA PIERRE ET DE LA FOI.

LE BIOGRAPHE (repris en « Folio », n° 2679. *Nouvelle édition revue par l'auteur*).

L'ARCHÉOLOGUE (repris en « Folio », n° 2888, et « L'Imaginaire », n° 191).

VERSAILLES OPÉRA.

LA BELLE AU BOIS.

LULLY OU LE MUSICIEN DU SOLEIL (*en coédition avec le Théâtre des Champs-Élysées*).

HÉLOÏSE (repris en « Folio », n° 2763). Grand prix du Roman de l'Académie française 1993.

STRADELLA, prix Pelléas 1999.

Chez d'autres éditeurs

« DARDANUS » DE RAMEAU (Albin Michel).

FRANÇOIS COUPERIN (Fayard).

RAMEAU DE A À Z (Fayard).

VOUS AVEZ DIT « BAROQUE » ? (Actes Sud).

VOUS AVEZ DIT « CLASSIQUE » ? (Actes Sud).

LES PLAISIRS DE VERSAILLES (Fayard).

LOUIS XIV ARTISTE (Payot).

LE ROI-SOLEIL
SE LÈVE AUSSI

PHILIPPE BEAUSSANT

LE ROI-SOLEIL
SE LÈVE AUSSI

récit

GALLIMARD

© *Éditions Gallimard, 2000.*

I

Il n'est pas une page de ce livre où l'on ne soit amené à se poser, d'une manière ou d'une autre, ouvertement ou par un escalier dérobé, des questions qui se ramèneront en définitive toujours à cette unique interrogation : quel est, chez un homme du XVIIᵉ siècle, le rapport entre sa personne et sa fonction ? Qu'est-ce qu'un roi ? Comment est-on roi ? Le roi, dont pas un geste, pas une action ne peut s'accomplir, pas une parole être prononcée sans qu'un rituel l'enchâsse, qu'un cérémonial l'entoure, sans qu'elle soit accompagnée d'un hommage, d'une révérence, d'une marque de respect et parfois, surtout lorsqu'il sort ou qu'il voyage, de vénération, comment s'élabore en lui sa conscience de soi, qu'aujourd'hui nous ne pouvons imaginer qu'hypertrophiée et boursouflée par les honneurs ? Or chacune des marques d'honneur qui lui sont dédiées souligne justement qu'il n'y est pour rien, et que l'on s'adresse au fils de son père et à l'héritier d'une lignée. Comment s'entremêlent et se démêlent en lui sa couronne et sa personne ?

La question peut et doit être élargie. Qu'est-ce qu'une civilisation où l'on se transmet de père à fils, non seulement l'État, mais tout : une maison, un moulin, un métier, un statut, une profession, un titre ? Où Molière est tapissier parce que son père l'était, où François Couperin touche à onze ans les grandes orgues de Saint-Gervais parce que son père le faisait quand il l'a laissé orphelin ? Où le valet de chambre Du Bois vient au lever du roi lui présenter son fils, puis, vingt ans plus tard, arrive un matin en tenant par la main son petit-fils qui, tour à tour, prendront sa place ? Un fils reçoit de son père une place déterminée dans la société, un rôle et une fonction, de la même manière que la forme de son nez ou sa tendance à l'embonpoint : quelle conscience peut-il avoir de lui-même ?

Cette question se posera à chaque page, toujours aussi intrigante à nos yeux. Ce que nous enseigne le monde d'aujourd'hui, ce qu'il construit autour de nous et en nous, vise à nous convaincre que nous sommes responsables de ce que nous sommes et à nous persuader que nous sommes seuls à l'avoir fait. Qu'est-ce qu'un fils doit à son père ? Le moins possible, croyons-nous. C'est, bien entendu, une illusion puisque la sociologie et la psychologie, pour une fois d'accord, nous ont démontré que c'est faux : c'est même l'un des apports majeurs du XXe siècle à la connaissance de l'homme. Pourtant tout, autour de nous, voudrait nous faire croire le contraire, met en vitrine ce qui peut nous y pousser et cache le reste, pour dilater en nous la pensée que ce que nous sommes peut coïncider avec nos actes. Comment comprendre la manière dont s'ordonnaient et se répartissaient, chez les hommes de ce temps-là, la conscience d'être soi et la conscience qu'ils avaient de n'être jamais qu'un passage, une courroie de transmission, un héritage reçu et à transmettre ?

Qui êtes-vous quand votre père vous demande : « Comment vous nommez-vous ? » et que vous répondez à l'âge de quatre ans : « Je m'appelle Louis Quatorze » ? Et qu'en outre le père réplique : « Pas encore, mon fils, pas encore. »

*

Essayons de suivre instant après instant ce que pouvait être une journée du Roi-Soleil. Nous le prenons à son réveil, et nous l'accompagnons jusqu'à son entrée dans les songes de sa nuit, puisqu'il rêve comme tout homme et que nous savons même par le journal de ses médecins qu'il a des cauchemars.

Est-il possible, à travers l'étonnant appareil, comme on disait, de cette journée, où tout (presque tout) se passe en public, où boire un verre de vin, chausser ses pantoufles, mettre sa culotte est un acte public, au sens le plus fort du mot, c'est-à-dire destiné par nature à être montré et partagé, est-il possible d'y dénouer l'écheveau de la conscience d'une personne, *Louis, Dieudonné*, et celle d'une institution, *Louis, roi de France* ?

Mais déjà, insidieusement, les fils se sont embrouillés dans le simple énoncé de son nom d'homme, puisque *Louis, Dieudonné*, c'est déjà la marque de sa mère et de son père et leurs vingt-trois ans d'attente d'un dauphin...

II

Sept heures du matin

Dans l'appartement du roi, tout dort encore et, dans sa chambre, le roi lui-même. Mais aussi le Premier valet de Chambre de service, qui repose dans un coin, sur un lit pliant, relié à Sa Majesté par un cordon attaché à son poignet.

Un roi n'est jamais seul. Jamais, pas une minute, de l'instant de la naissance, où il sort en public du ventre de sa mère, parce qu'il faut des témoins pour certifier que c'est bien lui, jusqu'à son dernier souffle, parce qu'il en faut d'autres pour qu'on puisse dire : « Le roi est mort, vive le roi ! »

La porte de sa chambre est fermée à clef et le Premier gentilhomme de service, qui dort dans une salle à proximité, a placé cette précieuse et unique clef sous son oreiller. Le roi est, en cela comme en d'autres choses, prisonnier. Personne ne peut entrer, ni lui sortir. Depuis qu'il est revenu de chez la reine, où il va chaque nuit, quoi qu'on pense, s'il lui prenait fantaisie d'aller partager quelque autre lit, ce qu'il fait aussi, il lui faudrait réveiller le Premier valet de Chambre à l'aide du cordon ; celui-ci, à travers la porte, appellerait le garde en faction de l'autre côté ; lequel ferait réveiller le Premier gentilhomme, qui se lèverait et viendrait ouvrir la porte à l'aide de la clef, avant d'escorter en personne Sa Majesté où elle veut aller. Avouez : rien n'est simple, quand on est roi.

*

Dans un instant, nous allons assister à l'incroyable cérémonial du Lever. Incroyable pour nous, bien entendu, tant ce rituel compliqué et tatillon, où chaque pas, chaque geste, chaque objet, chaque présence même, et chaque absence par conséquent, tout est prévu, arrangé, composé, codifié : quelle peut être la signification, quelle est la raison d'être d'une telle liturgie appliquée aux fonctions les plus ordinaires et les plus insignifiantes de la vie ? Est-ce leur insignifiance qu'il s'agit, justement, de nier ? Mettre ses pantoufles, se coiffer, se raser : nous faisons cela, nous aussi, chaque matin. Mais d'abord nous ne sommes pas tenus de mettre nos pantoufles avant notre robe de chambre, ou l'inverse ; et si nous avons l'habitude de faire l'un avant l'autre, ou l'autre avant l'un, nous pouvons changer, sans y penser ou en y pensant, un matin. Ensuite nous ne faisons pas cela en public. Nous ne mettons pas notre culotte en public. Nous ne convoquons pas nos amis quand nous nous coiffons. Un roi est un roi, bien entendu : sa vie, même privée, a une densité plus forte que celle d'un homme ordinaire : nous pouvons, à la rigueur, comprendre cela, même si tout ce que notre temps recherche,

13

souhaite, et convoite va exactement à l'inverse, vers une égalité et même une conformité des modes d'existence, à défaut de celles des natures. Mais pourquoi les gestes les plus quotidiens d'un roi, et surtout s'ils sont quotidiens, doivent-ils être ainsi élevés au statut d'une sorte de sacrement?

Pour le comprendre, il faut peut-être commencer par aller à l'autre extrémité de la chaîne, et considérer ce qui se passe lorsque l'action, au lieu d'être ordinaire et prosaïque, est au contraire exceptionnelle et, au sens le plus fort que pouvait avoir ce mot dans la vieille langue, le fruit d'un *accident* : coup de théâtre, malheur, désastre propulsé par le Destin. Jusqu'où va-t-on aller lorsqu'un tel accident se produit? Accentuons encore le contraste. Choisissons celui de nos rois que nous considérons comme le plus simple, le plus naturel, bonhomme et sans façon : Henri IV. Quatre siècles après sa mort, on l'aime encore à cause de cette facilité, de cette frugalité. Or, par un violent contraste fabriqué, comme elle aime faire, par l'Histoire, la fin de ce roi est du domaine de la tragédie : c'est un accident, le plus « étonnant » de notre Histoire avant celui de Louis XVI.

Considérons donc ce que l'on fait, en 1610, le 14 mai, lorsqu'on ramène au Louvre le corps de Henri IV qui vient d'être poignardé par Ravaillac, rue de la Ferronnerie, devant l'enseigne du *Cœur couronné percé d'une flèche*. Le roi est presque inconscient, incapable de dire un mot, et il meurt au bas du grand escalier du Louvre, avant même qu'on ait pu le monter jusqu'à sa chambre et le coucher dans son lit.

On fait le lendemain l'autopsie, on place selon la tradition les entrailles dans un vase que l'on porte à Saint-Denis, le cœur dans une urne, et le corps est embaumé et mis en bière. Ce catafalque reste exposé jusqu'au 10 juin dans la grande chambre de parade, et chaque jour, durant près d'un mois, on récite cent messes basses et on chante six grand-messes.

Le 10 juin, le cercueil est transporté dans la salle des Cariatides, et déposé non pas *sur* mais *sous* un grand lit d'honneur, et *sur* le lit est placé un mannequin, revêtu des habits du sacre : chemise de toile de Hollande, camisole de satin cramoisi, tunique de satin azur fleurdelisé, grand manteau bleu doublé d'hermine.

Ce mannequin est pourvu d'un visage, à la ressemblance de celui du roi, moulé en cire. Des mains de cire, jointes. Sur la tête de cire, la couronne royale. À droite et à gauche, sur des « carreaux » (des coussins), le sceptre et la main de justice. Ainsi, ce roi dont notre mémoire ne connaît plus que le sourire, les jeux de mots, les gaudrioles, notre vert galant, notre poule au pot, à sa mort on l'a transformé en une sorte de momie, presque mieux à sa place au musée Grévin que dans notre Louvre. Mais cela n'est rien encore. Voici la suite.

Près du lit entouré de grands candélabres dignes d'une cathédrale, se trouve une table : et sur cette table, chaque jour, à l'heure des repas, on dresse le couvert du roi. Chaque jour, les Officiers de la Chambre et de la Bouche, le Grand panetier, le Grand sommelier viennent présenter à cette effigie de cire, à ce mannequin, à cette royale marionnette de roi mort, son repas, et dans l'ordre : grand Potage, première Entrée, deuxième Entrée, Rôt, et le reste.

15

Est-ce là je ne sais quel pharaon remonté de je ne sais quelle dynastie de l'Égypte immémoriale, à qui l'on apportait en effet sa nourriture en procession pendant qu'Anubis pesait son âme ? Non, c'est bien Henri IV, le croqueur d'ail, celui qui jouait à quatre pattes avec ses enfants devant l'ambassadeur du roi d'Espagne. Entre ce roi simple d'accès et bon vivant — ne nous trompons pas, tout de même, sur son autorité... — et cette espèce d'idole dont on vient nourrir deux fois par jour le cadavre comme pour prouver au monde que le roi ne meurt jamais, quel est le lien ? Entre l'homme et le roi, entre la personne et la fonction, entre cet être de chair, d'os et d'humeurs, cette pensée d'homme, ces désirs d'homme, et ce demi-dieu, « roi et né pour l'être », comme dira plus tard Louis XIV, où est la césure ?

III

Or il se trouve que, dans cette journée du roi, dès le premier instant, alors qu'il vient à peine d'ouvrir les yeux, quelqu'un va se présenter qui nous apportera peut-être, mais par un biais inattendu, un premier élément de réponse. Alors que le cérémonial du Lever du roi, cet étrange théâtre d'ombre, va développer sous nos yeux un rituel tout entier dévolu à la fonction, la première personne qui se présente à Sa Majesté, et donc à nous, va venir à la fois confirmer et contredire cette dualité de son moi royal.

La première personne qui vienne saluer Sa Majesté n'est en effet ni un duc, ni un prince du sang, ni un prélat, ni un officier de la couronne, et c'est la seule femme qui puisse alors être présente — elle n'est pourtant ni reine, ni reine mère. Elle se nomme Pierrette Du Four, et c'est sa vieille nourrice. Cette femme sans titre nobiliaire et dépourvue de toute gloire précède la hiérarchie du royaume et a le pas sur toutes les éminences. Elle est morte en 1685 : Louis XIV avait alors près de cinquante ans, et tous les matins jusqu'à son dernier jour, elle était entrée la première. Chaque matin « elle allait le baiser dans son lit »

— j'ai mis des guillemets pour souligner que la phrase est de Saint-Simon, sans quoi vous ne m'auriez peut-être pas cru.

On ne peut plus guère avoir aujourd'hui qu'une notion bien vague de ce qu'était alors une nourrice. Le xxᵉ siècle a fait disparaître la notion, la fonction et le statut : ce que nous appelons de ce mot est tout au plus la gardienne d'un enfant dont la mère travaille et qui disparaîtra bien vite de la mémoire de celui qu'elle a surveillé quelque temps.

Au xviiᵉ siècle, une femme mettait au monde son enfant, mais elle ne le nourrissait pas. Il en était du moins ainsi, non seulement chez les reines et les princesses, mais dans tout ce que nous appellerions les classes moyennes. Une femme nourrissant son enfant était, nécessairement, « du peuple », comme on disait. Plus encore : l'enfant était souvent éloigné de sa mère. On l'emmenait à la campagne, il en revenait quand il avait trois ou quatre ans, ou ne revenait pas. Les nourrices se recrutaient sur petites annonces, par centaines et par milliers. Pourtant les médecins ne cessaient de faire des remontrances aux femmes. Ambroise Paré, 1573 : « Le lait de la mère sera plus propre que nul autre, parce qu'il est plus semblable à la substance dont il était nourri dedans le ventre de sa mère. » Et cet autre, 1578 : « Et pensez-vous que nature ait donné aux femmes les poupeaux des mamelles comme quelques poreaux de bonne grâce pour ornement de leur poitrine, et non pour nourrir leurs enfants ? » Rien n'y faisait, et les femmes de bonne compagnie continuaient à mettre leurs petits en nourrice, malgré aussi les sermons des curés et les prônes du dimanche qui s'insurgeaient contre « la mauvaise coutume qui est établie de longue main, sur laquelle les mères se dispensent de nourrir les enfants de leur lait. C'est contre cet abus que les confesseurs et directeurs d'âmes devraient s'élever fortement... ».

Peine perdue...

Sur un tableau représentant *La Naissance de la Vierge* et qu'on peut voir à Notre-Dame de Paris, tout plein de la vérité quotidienne des frères Le Nain, on aperçoit tout au fond, à l'arrière-plan, presque dans l'ombre, sainte Anne, sur son lit de parturiente, et, au premier plan, occupant tout l'espace, dans la pleine lumière tombant du ciel, une accorte nourrice découvrant son beau sein rond pour l'offrir à la petite nouveau-née. Il ne se peut pas, au XVIIᵉ siècle, que sainte Anne nourrisse son enfant. Le Nain ne peut pas la peindre ainsi, pas plus que la Vierge allaitant son enfant Jésus. On le faisait pourtant, au temps de Van Eyck, de Roger de la Pâture ou de Jehan Fouquet. Cela ne se peut plus au siècle de Le Nain, non pas du tout parce qu'il serait impudique à la mère de Dieu de dévoiler son sein comme faisait la *Vierge* de Fouquet, mais parce que c'est, tout simplement, invraisemblable. Ce n'est pas le rôle d'une mère, au siècle de Louis XIV.

Étrange manière, n'est-il pas vrai, de concevoir le rapport de l'homme (le futur homme) avec le monde... Comme si l'acte fondamental d'être nourri, qui suit immédiatement sa mise au monde, justement, et qui va régir pour toute sa vie sa communication avec les êtres et avec les choses, devait instituer de toute urgence une césure entre le moi instinctif et le moi social. Voilà une civilisation qui établit en principe que le désir, l'appétit, et aussi la satisfaction et l'assouvissement du désir et de l'appétit, c'est-à-dire les premiers mouvements que ressent un nouveau-né, soient déconnectés de ce qui va constituer l'ordonnance de sa vie. Que surtout le nouveau-né qui commence à apprendre à être ne puisse pas confondre celle qui le nourrit et celle à qui il doit d'être. Qu'au contraire celle qui va assumer la charge d'éveiller les premières sensations du futur homme (le toucher, quand sa petite paume pour la première fois pétrit le sein qu'il tète ; la vue, quand il apprend à voir en ne quittant pas des yeux le visage de celle qui l'allaite ; l'odorat, quand il la respire ; l'ouïe quand il écoute les premiers mots et les premiers refrains tout en subvenant à sa vie), que celle-là ne soit surtout pas la mère.

Ces siècles-là ont eu, dirait-on, l'urgent souci de séparer le lait et le sang, comme s'ils voulaient s'assurer que le futur homme ne confondrait jamais le moi de ses appétits avec le moi de sa situation dans le monde. Et ce second moi lui sera enseigné, plus tard, par la mère de sang, dont il découvrira le regard lorsqu'il aura trois ans, quatre ans, et dont il apprendra alors que c'est à elle, et non à l'autre, qu'il doit de vivre. Comme on comprend que la géniale intuition de Jean-Jacques Rousseau ait été, avec la même urgence, de réhabiliter le sein maternel : s'il voulait que l'émotion, et non plus le statut social, structure enfin le monde, il fallait commencer par là.

Mais les choses vont plus loin qu'on ne croit. L'enfant, donc, en tout cas le petit prince, avait au XVIIe siècle deux mères, ou si l'on préfère une mère à double visage. Avec l'une, qui lui avait donné le jour, il aurait une relation morale, parfois un peu distante, même si elle était respectueuse et affectueuse : Charles IX et Catherine de Médicis, Louis XIV et Anne d'Autriche. Ne parlons pas de Louis XIII ; j'y reviendrai. L'autre, la donneuse de sein, n'était ni noble, ni bas-bleu, ni précieuse, elle ne chantait pas d'airs de cour. Or c'est celle-ci, et non l'autre, qui était au pied du lit du roi et « venait le baiser » alors que la première n'avait pas même accès à la chambre, pour le Lever. Mille témoignages le confirment : la nourrice ne disparaissait pas de la vie de son enfant de lait. Il faudra un jour que quelqu'un se penche sur ce problème. On aura des surprises. On constatera qu'on avait souvent alors une famille double : celle du sang et du rang, de l'organisation de la vie, de la construction d'une carrière, du mariage et de l'héritage ; et l'autre, hors des codes de la civilité, sans façon, familière et maternelle — la relation « maternelle », telle que nous l'entendons, c'était celle-là. À la toute fin du XVIIIe siècle encore, Mme de Chastenay raconte dans ses *Mémoires* que dans le château de ses parents vivait le vieil époux veuf de celle qu'elle appelle sa « mère nourrice ». Elle l'appelait « grand-père », c'est lui qui jouait dans la chambre des enfants, et Madame (la comtesse) faisait avec lui, le soir, sa partie de trictrac. On sera surpris d'apprendre que la familiarité qui régnait alors entre le maître et son valet, entre la comtesse et sa suivante (tout le théâtre de ce temps les met en scène, de Molière à Marivaux et à Beaumarchais) vient de ce qu'ils étaient souvent frères et sœurs (de lait, s'entend). Et ce qui nous surprend s'éclairera d'un coup : la manière dont Lisette, la soubrette, parle à sa maîtresse Dorimène, la comtesse, est le langage de deux sœurs, séparées par le rang et rapprochées par le lait.

En tout cas, comme chez Mme de Chastenay peu avant la Révolution, la nourrice d'un roi de France devenait statutairement femme de chambre de la reine, et ne quittait pas le palais.

Nous ignorons le nom de bien des personnages qui pourtant ont joué un rôle important dans l'Histoire : mais nous savons celui de toutes les nourrices royales, et parfois nous connaissons des bribes de leur vie. Celle de Louis XIII s'appelait Doundoun. Quand les députés du Dauphiné vinrent rendre leur hommage à Henri IV, ils apportèrent des cadeaux, pour le roi, pour la reine ; et une chaîne d'or de quatre-vingts écus pour celle qui nourrissait le dauphin. Quand elle eut une fille, le roi fut son parrain. Doundoun apparaît à chaque page du *Journal* du médecin Héroard, cet extraordinaire document grâce auquel la vie d'aucun roi ne nous est aussi bien connue que celle de Louis XIII. Familiarité à mettre en face des démêlés du roi avec sa mère, Marie de Médicis, et l'exil final qu'il lui infligea. Charles IX, au milieu des soubresauts de sa pauvre existence dominée par Catherine de Médicis, sans cesse tourmenté d'angoisse, se réfugiait dans les bras de sa nourrice, une vieille huguenote. À la Saint-Barthélemy, après avoir hurlé : « Qu'il n'en reste pas un pour me le reprocher ! », il s'arrangea pour la sauver. Il avait sacrifié son cher mentor, Coligny ; mais pas elle. Et dans ses derniers mois, ravagé d'épouvante, à demi fou, réfugié à Vincennes et suant le sang dans ses draps, ce n'est pas à la reine mère qu'il s'adressait, mais à elle : « Nourrice, nourrice, que de sang autour de moi ! » Elle se nommait Philippe Richard (Philippe était alors un nom de femme autant que d'homme) et Brantôme, qui la connut et parle d'elle, écrit que c'était « une très sage et fort honnête femme ».

Pierrette Du Four n'eut pas autant de présence auprès du Roi-Soleil. D'ailleurs avant elle, cinq ou six nourrices s'étaient déjà succédé, qui avaient capitulé de douleur tant il les mordait. Elle résista. Mais il faut savoir que la vie du Roi-Soleil commence par une lutte pour le lait. Elle se continue par une visite chaque matin durant cinquante ans. Mais les temps avaient changé : Henri III avait guindé l'étiquette, et Louis n'était pas homme à pleurer dans les bras d'une femme parce que le destin était trop lourd pour lui. Pourtant elle était là, chaque matin. Le valet de Chambre du roi, Du Bois, nous parle d'elle souvent : quand le roi a dix ans, elle joue avec lui, en présence d'Anne d'Autriche. Quand elle mariera sa fille, il la dotera royalement de douze mille livres, et signera le contrat. Chaque matin elle vient ainsi contrarier à l'avance l'image toute faite que nous nous faisons de la journée du roi.

Curiosités, tout cela... Petits tessons de poterie préhistorique, fragments d'image déchirée, que l'historien s'amuse à recoller, par goût un peu futile des choses anciennes ? Je n'en suis pas certain. À vrai dire, je suis sûr du contraire. Dans quelques pages, lorsque nous allons commencer à nous heurter aux deux personnages qui semblent à tout moment se faire face dans la figure du Roi-Soleil, et que nous allons commencer à nous poser des questions (comment cela est-il conciliable ? Comment ce roi, comment cet homme peut-il à ce point être double ?), lorsque cette *duplicité* (je joue sur le mot, mais le *double* sens n'est qu'une figure de ce *double* personnage...) commencera à devenir incompréhensible, alors il faudra se souvenir de tous les moyens, directs ou détournés, que ce temps a mis en œuvre pour que ce personnage soit tel, et qu'il puisse l'être sans les contradictions et les incompatibilités que nous serions tentés d'imaginer.

IV

Où sommes-nous, ce matin à sept heures ? Si vous vous empressez de répondre : « À Versailles, bien sûr », retenez-vous. Ne pensez pas trop vite.

Comme sa perruque, Versailles est à ce point lié dans notre esprit à la personne de Louis XIV, ce parc et ce château portent si fortement sa marque, que nous oublions qu'il régnait déjà depuis vingt et un ans lorsqu'il en fit sa résidence et y enracina sa cour. Nous oublions que, ce faisant, il installait pour la première fois la monarchie française dans ses meubles. Il y avait six ou huit siècles qu'elle errait. Jusqu'à ce mois de mai 1682, un roi de France était un personnage, si l'on ose dire, sans domicile fixe : et si Louis XV et surtout Louis XVI nous apparaissent enracinés et emmomifiés à Versailles, coupés du monde et du royaume, c'est parce que Louis XIV l'a voulu ainsi, pour lui-même en tout cas. Mais tel est ce roi : les décisions qu'il prend, les choix qu'il fait sont si définitifs et entourés d'un tel apparat qu'il semble à notre mémoire qu'il en a été ainsi de tout temps. Nous enfermons dans sa volonté ses successeurs, ce qui est souvent vrai ; n'y enfermons pas aussi ses ancêtres. Parfois nous l'y enfermons lui-même. Jusqu'à l'âge de quarante-quatre ans, il a vécu comme un nomade, ainsi qu'avaient fait ses prédécesseurs. Ne parlons même pas des plus lointains, un Louis le Gros, toujours à cheval, suant sous sa cotte de mailles, entre Corbeil, Poissy, Orléans, Laon, Dreux, Senlis, Montlhéry et Saint-Denis ; ni de Charles VI, devenant fou dans la forêt du Mans ; ni des rois de croisade qui mouraient à Tunis après avoir pris Saint-Jean-d'Acre ; ni même du pauvre Charles VII, petit roi de Bourges, sans capitale, errant de Chinon à Loches et Beaugency. On a calculé que Charles IX, sur la totalité de son règne, déménageait en moyenne tous les douze jours. François Ier n'est resté en place que lorsque Charles Quint le garda prisonnier, après Pavie, et qu'il eut perdu, fors l'honneur, tout moyen de se déplacer. Les années durant lesquelles il a passé plusieurs mois, ne disons pas dans le même château, disons dans la même province, se comptent avec trois doigts, 1526-1529 : il était malade. Le reste du temps il était sur les routes, à cheval, visitant son royaume, couchant dans la salle du château de rencontre, ou chez les bourgeois de la ville dont on venait de lui remettre les clefs. L'ambassadeur vénitien Marino Giustiniani, qui suivait (tout le monde suivait, les seigneurs, les dames, le Chancelier avec les sceaux, le Sénéchal, les gardes, les chariots, les coffres, les meubles, les lits, le Conseil du roi, le Trésor, les archives, les suisses, sur six lieues à la file, et sans carrosses puisque cela n'existait pas encore...), le pauvre Giustiniani se plaint qu'il n'en peut plus : « Peu de temps après mon arrivée à Paris, le roi partit pour Marseille. Nous traversâmes par des chaleurs excessives le Bourbonnais, le

Lyonnais, l'Auvergne et le Languedoc et nous arrivâmes en Provence. De Marseille, nous allâmes par le Dauphiné, le Lyonnais, la Bourgogne et la Champagne, jusqu'en Lorraine et de là nous retournâmes à Paris. » À peine a-t-il le temps de pousser un soupir de soulagement : « Peu de temps après notre arrivée à Paris, le roi voulut de nouveau partir... » En 1546 encore, cinq mois avant sa mort, sa santé délabrée, François Iᵉʳ sillonne tout l'est du royaume, de la Bresse à la Flandre, avant de revenir mourir à Rambouillet. À Chambord, le palais de sa gloire, sorte de préfiguration Renaissance de Versailles, il n'aura pas séjourné plus de trois fois, quelques jours au total. Henri II ne tint pas en place davantage, ni Catherine, ni ses fils, entre le Louvre, les Tuileries, Blois, Amboise, Chenonceaux, Fontainebleau, sans parler du « grand tour » de Charles IX et de sa mère, vingt-sept mois hors de Paris, de Champagne en Provence, de Gascogne en Bretagne, de Bourgogne en Lorraine et en Normandie, et toujours à cheval, la reine en litière, les ministres à dos de mulet, les dames d'honneur couchant sur la paille. L'ambassadeur Lippomano estime à huit mille le nombre de personnes que Catherine et Charles entraînèrent à leur suite pendant plus de deux ans.

Est-ce ainsi qu'on voit la cour de France, dans les images de notre mémoire ? C'est pourtant ainsi qu'elle a vécu, des siècles durant. Pourquoi ? D'abord parce qu'un roi de France doit se faire voir. Son peuple ne l'aimera qu'autant qu'il l'aura vu. C'était vrai au Moyen Âge, c'était encore vrai à la fin du xviiiᵉ siècle et on a aimé Marie-Antoinette tant qu'elle s'est montrée. La seconde raison tient en ces quelques mots qu'un ambassadeur anglais écrit tout crûment : « Le 19 mars, les vivres venant à manquer, la cour a quitté Toulouse et pris la route de Bordeaux. » En ces temps-là, quand la cour a demeuré quinze jours au même endroit, il n'y a plus de provisions dans la province. Et la troisième raison est qu'il faut bien nettoyer les châteaux, curer les fossés, frotter les parquets et vider les fosses d'aisance. Ces questions-là ne se posaient pas trop au temps de Philippe le Bel, quand l'entourage du roi se réduisait à peu de monde, mais la monarchie grandit et l'intendance a du mal à suivre.

*

Pour ces raisons, et pour d'autres, rien n'est changé au temps de Louis XIV, jusqu'en 1682. Moins de grands et longs voyages, peut-être, encore que sa jeunesse soit vagabonde. La Picardie en 1647 (il a neuf ans), puis la Champagne et la Bourgogne. L'Aquitaine et Bordeaux en 1650, le Berry et le Poitou l'année suivante. Le Val de Loire en 1652 ; en 1658, la Lorraine, la Flandre et le Lyonnais ; en 1659 le Languedoc, puis en 1660 la Provence jusqu'à Toulon, avant qu'il n'aille se marier dans les Pyrénées ; enfin la Bretagne en 1661. Tout cela avant même d'être en possession de son pouvoir.

Si donc nous voulons répondre à la question : « Ce matin-là, tandis que le roi de France s'éveille dans sa chambre, où sommes-nous ? Cette chambre, ce lit, où sont-ils ? », il faut répondre : « C'est selon... »

Imaginons par exemple que nous nous trouvons en 1671. Louis XIV a trente-trois ans. Il règne depuis dix ans.

Si nous sommes en janvier, il réside au Louvre. C'est la saison d'hiver. Le 17 de ce mois, dans la vaste et somptueuse salle de théâtre construite sur l'ordre de Mazarin par Vigarani pour le mariage royal, Louis XIV assiste à la première représentation de *Psyché*, qu'ont écrite ensemble Molière et Corneille, et que Lully a mise en musique. Il reverra ce spectacle plusieurs fois, mais pas tout de suite : Car le 21, il quitte Paris pour Vincennes, château bien négligé aujourd'hui, mais fort prisé alors. Il y reste jusqu'au 24, puis retourne à Paris, pour trois jours, et l'on rejoue *Psyché*. Le 28, il repart pour Versailles, le « petit château de cartes » construit par son père, pour pouvoir chasser l'après-midi. Le 1ᵉʳ février, il rentre à Paris, séjourne aux Tuileries, revoit *Psyché*, fête le carnaval : bal et ballet jusqu'au Mardi gras. Louis repart le 10 pour Versailles et y reste jusqu'au 23 puis s'en retourne à Saint-Germain-en-Laye, où il va séjourner un mois plein — quel calme ! Le 1ᵉʳ avril, court séjour à Versailles, puis à nouveau Saint-Germain. Le 23 avril, le roi s'en va-t-en guerre. Direction : la Flandre. Il s'arrête à Chantilly, voyage du 25 au 30 (étapes : Lieucourt, Breteuil, Amiens, Abbeville, Montreuil-sur-Mer). Du 3 au 24 mai, Dunkerque, où il inspecte les fortifications. Du 25 mai au début de juillet, ce sont d'incessants déménagements, en fonction des opérations militaires : Fort-Saint-Louis, Armentières, Lille, Audenarde, Tournai, Ath, Charleroi, Philippeville.

Au total, trois mois de pérégrinations, et dans quelles conditions !... L'ambassadeur vénitien se plaignait des voyages de François Iᵉʳ ; voici ce que dit de ceux du Roi-Soleil l'ambassadeur savoyard Saint-Maurice : « L'on ne peut dans les marches jamais avoir ni les carrosses ni les bagages ; je mange et je dors comme je peux ; j'ai fait la sottise de ne pas amener mes mulets qui sont le seul secours dans une armée comme celle-ci, mais j'ai aussi la consolation qu'il y a peu de monde qui en ait... »

Mais ne croyons pas que cette campagne de 1671 soit l'exception. L'année suivante verra de nouveau trois mois de vagabondage de printemps, avec nuits sous la tente ou chez l'habitant. Deux ans plus tard, mieux encore : cent soixante-six jours en campagne, sur les routes, à cheval et sous la tente, le roi s'attachant « avec la dernière exactitude, au dire du sieur de Beauvillier, à toutes les fonctions d'un général, et quasi toujours dehors ».

Ne croyons pas davantage que ce ne soient que des déplacements martiaux. Toute la cour suit, et toutes les dames. Saint-Maurice n'en croit pas ses yeux. « Le roi est toujours plus empressé de Mme de Montespan ; il y est à toute heure ; elle loge dans la même maison. Elle avait avec elle la dame Scarron, sa confidente (Saint-Maurice ne sait pas encore qu'elle sera un jour Mme de Maintenon), et qui a soin de ses enfants. La duchesse de la Vallière loge dans les maisons les plus proches de leurs majestés » (La pauvre... La voilà déjà à quelque distance... mais elle est là...). La Grande Mademoiselle est là aussi, et raconte le voyage dans ses *Mémoires*.

Mais tout a une fin. Le 6 juillet, le roi (la reine, les dames...) reprend la route, couche à Saint-Quentin le 8, à Compiègne le 9, à Maisons le 11, à Versailles le 12, revient à Saint-Germain le 13, où il demeure jusqu'à la fin du mois de juillet, à part quelques séjours à Saint-Cloud.

Tout le mois d'août se passe à Chambord, toujours pour pouvoir profiter de la chasse l'après-midi, puis le mois de septembre à Versailles, pour changer de gibier, avant de regagner Saint-Germain, où il reste jusqu'à la fin de l'année, avec des séjours de deux ou trois jours à Versailles, à Villers-Cotterêts ou à Saint-Cloud.

Quelle est la capitale de la France ? Si c'est vraiment Paris, le roi n'y aura pas séjourné deux mois durant toute cette année, et exclusivement pendant l'hiver.

V

Donc, ce matin, il se pourrait que le roi s'éveille au Louvre, ou bien à Saint-Germain-en-Laye ; mais ce peut être aussi à Vincennes, ou même à Versailles. Plus tard dans l'année, ce serait à Chambord. Nous avons le choix des lieux autant que celui des dates, et il suffit de décider du jour pour savoir où l'on est.

Là n'est pas la difficulté.

Elle nous vient de ce qu'il nous faut sans cesse nous défendre, nous protéger, délivrer notre imagination de la présence trop forte de l'obsédante chambre royale du château de Versailles, dont la magnificence ne cesse de venir combler le vide laissé par celles que nous ne connaissons pas et que nous ne parvenons pas à nous représenter. À Versailles, tout est là, les ors, les tentures, la balustrade dorée, les fenêtres sur la cour de marbre, les fauteuils. Il suffit d'y placer les personnages et de les faire agir. Et justement tout le monde s'empresse pour nous apporter des détails de la vie quotidienne du roi : les *ordonnances* de Louis XIV, les *États de la France*, et Saint-Simon, et la princesse Palatine (ces deux intarissables bavards), et Dangeau, et Luynes, et Choisy, et vingt autres... Mais tous parlent d'un Versailles contemporain de la vieillesse du roi, et non de ses trente ans. Au début du règne, au contraire, pas de Saint-Simon collectionnant les manquements à l'étiquette, pas de princesse Palatine, pas de Dangeau, rien, ou presque pire : des bribes, des fragments, des indications qui souvent se contredisent ou laissent dans l'obscurité le détail nécessaire. De sorte qu'à nouveau, sans y songer, nous comblons les vides avec ce que nous savons, et qui concerne toujours le vieil époux de Mme de Maintenon et non le brillant amant de Mlle de La Vallière ou de Mme de Montespan.

Les lieux mêmes ont disparu, ou bien sont si changés qu'ils ne nous apprennent presque plus rien. Des Tuileries ? Pas une pierre sur l'autre. De Versailles ? Rien que de trompeur. Le grand palais que nous voyons nous cache le modeste petit château construit par Louis XIII et qui était encore tel qu'il l'avait voulu : un lieu de retraite où fuir la cour. Du Louvre ? Nous errons dans les salles d'un musée dont plus rien ne nous dit qu'elles furent des chambres ; à peine la galerie d'Apollon nous fait-elle un clin d'œil en ayant presque l'air habitée. Mais il faut se renseigner dans les livres pour se rappeler que la salle des Cariatides était salle des Gardes, que celle d'à côté était la chambre du roi. Comment imaginer que c'est dans cette salle des Cariatides que Molière a joué pour la première fois devant le roi ? Partout des tableaux ; pas un objet ne nous rappelle que ces galeries furent des lieux où l'on vivait, où l'on mangeait, où l'on dormait, où l'on parlait et qu'il faudrait pouvoir les traverser non comme les salles d'un musée, mais comme une demeure habitée, avec en mémoire quelque chose comme

Arrêtons un moment. La pompe de ces lieux,
Je le vois bien, Arsace, est nouvelle à tes yeux.
Souvent, ce cabinet superbe et solitaire,
Des secrets de Titus est le dépositaire.
C'est ici quelquefois...

*

Choisissons Saint-Germain : c'est là que le roi séjourna par prédilection après la mort de la reine mère, de 1666 à son installation à Versailles, seize ans plus tard.

Le cadre de cette vie quotidienne du roi à Saint-Germain, c'est un très vieux château dont le donjon médiéval est encore aujourd'hui debout, à peine adouci par quelques décorations Renaissance. Il est l'œuvre, dans les années 1120, de Louis VI, dit le Gros. La chapelle date de Charles V, au milieu du XIVe siècle, et le reste, pour l'essentiel, de François Ier vieillissant, et de son fils Henri II.

Dans les appartements royaux, Louis XIV n'a presque rien changé en s'y installant. L'ensemble est vaste et sombre, austère, sans décor, sans marbres polychromes, sans dorures, sans rien du charme d'un château de la Loire, sans rien non plus de la somptuosité de Versailles. Des boiseries peintes, des tapisseries sévères, c'est tout. Or, c'est dans ce cadre sans grand attrait que nous devons imaginer qu'ont eu lieu pendant vingt ans le lever et le coucher du roi; c'est là qu'il mange et qu'il reçoit, dans des lieux presque tristes, que n'égaient guère plus aujourd'hui les poteries gallo-romaines et les armes méro-

34

vingiennes. C'est là que Louis XIV a habité, autant qu'au Louvre et beaucoup plus qu'à Versailles, jusqu'à l'âge de quarante-cinq ans.

Une porte à franchir et, sans la moindre transition, sans la plus petite esquisse de fondu-enchaîné, on passe un seuil (par l'imagination, bien entendu : rien n'en reste...), et l'on découvre un petit repaire, une petite coque secrète, un petit cocon, pour lequel tout ce que le mot « baroque » évoque pour nous d'extravagant, de fantaisiste, et même de fantasque, d'irrationnel (allons jusqu'à « insolite ») sera trop faible. C'est un concentré de ce que les théoriciens du baroque accumulent dans leurs livres : le goût du reflet opposé à la vérité, la prédilection pour l'insaisissable, pour ce qui passe et ce qui fuit, illusion, fantasme, irréalité...

Il n'en reste rien. Pas un dessin, pas une gravure, pas un objet : à peine quelques descriptions faites par des visiteurs stupéfaits, peu nombreux à vrai dire, car ces lieux étaient strictement privés. Il fallait être ami du peintre Le Brun pour pouvoir y pénétrer, comme fit Louis Le Laboureur, qui écrivit et dédia sa *Promenade de Saint-Germain* à Mlle de Scudéry.

Cette petite merveille fut construite en 1669. On grignota quelques dizaines de mètres carrés sur la chambre du roi, on mordit sur la terrasse, on raccorda l'ensemble à la tourelle d'angle et au petit escalier à vis qui permettait à Henri II, un siècle plus tôt, de rejoindre Diane de Poitiers.

Il y a quatre pièces, de dimensions modestes, ce qui se comprend quand on sait par quel artifice leur surface a été dérobée au grand appartement. Tout y est revêtu de miroirs. Si l'on pense que la passion du Roi-Soleil pour les miroirs date de la galerie des Glaces, on se trompe. Quinze ans plus tôt, c'est bien plus étonnant encore. La galerie des Glaces, c'est l'art d'utiliser le miroir et ses reflets de la manière la plus retenue, la plus parfaitement intellectualisée, la plus abstraite. Celui qui s'y promène ne se voit pas. Il ne songe même pas à se regarder : ces miroirs semblent chargés de refléter exclusivement la splendeur du lieu et le coucher du soleil, et non pas l'homme. Dans un espace réduit tel que le petit appartement secret de Saint-Germain, ils paraissent au contraire concentrer l'art de jouir de tout ce que le miroir peut refléter, et d'abord, bien entendu, celui qui regarde. C'est l'obsession baroque par excellence...

Miroir, peintre et portrait qui donne et qui reçois
Et qui porte en tout lieu avec toi mon image *...*

Que peut bien regarder le Roi-Soleil, dans cette retraite inaccessible au public, tout entière faite de reflets ? Quelles images ? Lui-même ? Lui, roi, ou lui aux côtés de celle qui l'accompagne dans cette retraite ? Ou les deux ? Ou encore les deux enrobés dans le décor qui les entoure ? C'est tout un programme. On y voit Vénus dialoguant avec Junon (la beauté avec la sérénité royale ? La maîtresse incomparable avec la digne épouse ?) au milieu d'amours mimant tout ce que le roi aime à faire : la chasse, la danse, la musique, la guerre, la paix, le gouvernement.

---

* Telle est l'orthographe de l'auteur de ces vers, D'Ételan ; si on la corrige, le vers est faux.

36

Dans la chambre, juste à côté, des miroirs partout, mais cette fois peints au revers : partout des amours. Le lit, luxueux et drapé, au milieu des miroirs. Autour du lit, encore des amours. Sur les murs, des vasques d'argent où coulent, au milieu des miroirs, de petites fontaines jaillissantes,

> *Verres tremblants, miroirs liquides*
> *Flots d'argent, verres de cristal...*

Ne dirait-on pas que les poètes baroques, de Desmarets à Sarrazin, de Tristan L'Hermite à Saint-Amant et à Martial de Brives, qui passent leur temps à versifier sur les eaux jaillissantes et les eaux miroitantes, n'ont jamais rêvé d'autre chose que de cet appartement secret du Roi-Soleil ? Et pourtant les vers que je cite ici ne le concernent pas directement, puisque aucun de ces poètes n'a pu le voir. Aucun, sans doute, ne peut même savoir qu'il existe. Mais ces lieux semblent en effet concentrer l'obsession baroque du miroitement et du ruissellement, du reflet fidèle et inconstant.

Mais que sera-ce quand on va entrer dans la grotte ? Car la pièce suivante est une grotte. Toute en miroirs, bien entendu, avec des niches miroitantes et, au centre, un jet d'eau montant du sol pour éclater contre une coupole au plafond (coupole en miroirs, ai-je besoin de le préciser) ? d'où

> *Mille et mille bouillons l'un à l'autre poussé,*
> *Tombent en tournoyant,*

retombent en ruisselant, enfermant l'image de l'amour dans cette double illusion baroque, l'eau coulante et l'eau miroitante, qui se répond à elle-même, se renvoie, se heurte, se multiplie, se nie et s'admire.

Voilà ce que le Roi-Soleil, lorsqu'il a trente ans, se fait construire en rognant sur sa grande chambre officielle. La seule existence de cet appartement secret, son style, ses thèmes, les motifs de sa décoration, son atmosphère à la fois irréelle et voluptueuse, tout est à l'opposé de la grandeur majestueuse et un peu froide de ce que sera Versailles. Miroirs, jets d'eau intérieurs, grotte, ce sont au contraire les thèmes favoris du baroque et de sa poésie, à laquelle il est impossible de ne pas penser. Tel est l'univers sensible du Roi-Soleil à l'époque où il danse le *Ballet des Arts* et choisit pour Molière et Lully le thème de *Psyché*.

VI

Avant de voir le roi se lever, une dernière question. Cette chambre du roi, où il va apparaître dans un moment aux yeux de la cour, ce n'est donc pas celle où il a dormi. Ce lit n'est pas celui de son sommeil, ni celui de ses songes et de ses cauchemars.

Ce n'est pas non plus celui de ses amours.

Ni celui de ses relations conjugales avec la reine son épouse, puisque, Louis XIV honore la couche nuptiale chaque nuit.

Si nous comptons bien, à Saint-Germain, le roi se lève et se couche dans une vaste chambre d'apparat, triste et sévère, mais dort dans une autre, juste à côté, après avoir partagé dans une troisième le lit de la reine. Elles communiquent toutes trois l'une avec l'autre, chacune ayant son usage particulier. Quant à la quatrième, celle du petit appartement privé, elle est, précisément, privée.

Rien n'est simple, décidément, dans la vie d'un roi.

*

Cette chambre où va entrer la cour n'est donc qu'une chambre officielle. Sa fonction n'est que de théâtre. La cérémonie de l'habillage, c'est une représentation, au double sens de ce mot. Comme dans toute représentation, tout est vrai et tout est faux : mise en scène, habilleur, grand premier rôle, seconds rôles, figurants et spectateurs. Mais la vérité et le mensonge de ce spectacle ne sont pas exactement où nous le croyons.

Pour comprendre comment s'articulent la réalité et la théâtralisation, il suffit d'interroger cette chambre elle-même qui fut, ne l'oublions pas, celle de Louis XIII, de Henri IV, de Henri II, de François Ier et de bien d'autres avant eux, et donc de la placer dans sa perspective. On ne peut jamais isoler un seul geste du Roi-Soleil sans le relier au long passé de la royauté, dont les murs sont le symbole.

À l'origine, au temps des premiers rois, lorsque la résidence de ces vieux Capétiens (le Pieux, le Gros, le Simple) se réduisait à quelques salles, et la vie du roi alliait sans peine ses deux natures, homme et souverain. Tout se passait de manière visible dans deux espaces, la salle et la chambre. Dans la première, il recevait le « public ». Dans la seconde, il vivait avec ses serviteurs, qui étaient à la fois les siens propres et ceux de ce qu'on n'appelait pas encore l'État : le Grand chambrier, bien nommé, le Grand sénéchal, le Grand écuyer, le Grand aumônier. Dans cette chambre, le roi dormait, mangeait, et faisait son office de roi, qui était pour l'essentiel de rendre la justice. Depuis que Montesquieu est passé par là, avec quelques autres, qui nous ont convaincus de la séparation des pouvoirs, nous ne comprenons plus très bien ce qu'était le métier de roi, dans ces temps très anciens. Nous avons oublié qu'il consistait alors, outre la guerre (mais justement elle le faisait sortir de son donjon pour courir *en campagne*, également bien nommée), le rôle du roi était de dire le droit : son sceptre dans une main, sa main de justice dans l'autre. L'administration, la gestion, l'organisation, cela viendrait plus tard. Les termes essentiels de ce qui est encore aujourd'hui l'organisation de la justice nous le rappellent : *palais* (de justice), *chambre*, *siège*, *parquet*, et même *lit*, comme on l'a dit jusqu'à Louis XVI. Le lieu de la justice, c'est la chambre du roi, et si les mots parlent clair quand on sait les interroger, les anecdotes le font aussi. De la vieille justice médiévale, l'Histoire n'a retenu qu'une image, justement parce qu'elle était inaccoutumée et un peu en marge des règles : Saint Louis, quand il faisait beau, rendait la justice dans un jardin, sous un chêne. Il faudra attendre que Charles V ait les ennuis que l'on sait avec Étienne Marcel pour qu'il s'installe de l'autre côté de la Seine et sépare ainsi pour la première fois le palais où il vit du palais de sa justice, la chambre où il dort de celle de sa justice — celle-ci demeurera isolée, dans l'île de la Cité, où elle est encore.

Ainsi, la chambre nous fait entrevoir deux choses. D'abord le lien entre la personne physique du roi et sa fonction, puisque le lieu même où il vit réunit dans ses murs son existence physique et quotidienne (il y mange, il y dort), et son existence institutionnelle, dans la mesure où il y exerce sa fonction royale, dire le droit. Mais, du même coup, elle nous fait comprendre le lien qui existe, et qui nous étonne, entre l'ensemble des activités royales : le lever du roi, puisqu'il est roi, comme le repas du roi sont en définitive *de même nature* que la fonction royale d'arbitrage, de juridiction, et plus tard d'administration. Ces fonctions se rejoignent dans le lieu unique originel. Les siècles peuvent bien passer, le XVIIᵉ faire suite au XVIᵉ, la royauté étant ce qu'elle est — toute la société de ce temps étant ce qu'elle est —, le Lever public de Louis XIV comme son repas public ne sont que la continuation, ritualisée et peu à peu figée dans l'étiquette, de ce plus ordinaire acte quotidien de ses ancêtres, lorsque leur vie était encore inséparable de la fonction qu'ils exerçaient, dans le même lieu, que la première était encore humble comme cette chambre et naïve comme la paille qui en jonchait le sol pour tenir chaud l'hiver. Louis XIV a hérité cela d'eux, comme le reste, comme son sceptre et sa couronne, et les courtisans emperruqués qui se pressent au pied de son lit ne sont que les descendants de ces vassaux, de ces pages, de ces valets d'écurie appelés écuyers, ce que son ancêtre appelait sa « Maison ».

VII

Après la nourrice, entre le médecin ; lui aussi, donc, au petit jour, avant le Lever.

Mais cette fois-ci, l'image que nous avons en tête, toute prête à l'emploi, a pour l'authentifier une référence sérieuse. Elle a la caution d'un auteur bien connu, que l'on étudie dans les classes, et dont on a dans la mémoire des paroles que l'on sait par cœur, et même en latin : « *Clysterium donare ! postea saignare ! ensuitta purgare ! resaignare, repurgare et reclysterare* ! » Molière a bien fait les choses. Il a grossi les personnages, contrefait les attitudes, allongé les nez et les chapeaux pointus, manipulé les démarches, faussé les voix. Tout est énorme, irrésistible.

Et vrai.

L'étonnant, ici, n'est pas tant que l'image toute faite soit à ce point inoubliable ; c'est qu'elle soit vraie. L'historien confirme. Il n'a plus pour mission de mesurer la distance entre l'imaginaire historique et la réalité, mais cette fois de confirmer leur identité.

Quand on lit Molière, quand on entend parler les médecins, on rit de bon cœur, tout en gardant par-devers soi la pensée qu'il faut faire la part du comique. À coup sûr, pense-t-on, il en rajoute, c'est la loi du genre, et c'est son métier. Eh bien, non : tout, la saignée, l'émétique, les clystères, l'orviétan, le latin, le galimatias, le phébus, la bêtise, la prétention, tout est vrai, il n'y a pas un mot de trop dans le portrait par Molière des médecins de son temps. C'est la merveilleuse surprise de l'Histoire.

Vrais, d'abord, les personnages. C'est à peine s'ils se dissimulent derrière un surnom. Lors des représentations de *L'Amour médecin*, à Versailles, le 15 septembre 1665 (retenons la date) les acteurs de la troupe de Molière faisaient les fous sur scène « avec des masques faits exprès » qui ne permettaient pas au public d'ignorer de qui on se moquait à visage, si j'ose dire, découvert. Les surnoms avaient été fabriqués par Boileau à la demande de Molière, et ils étaient aussi transparents que cruels, pour peu qu'on sache trois mots de grec.

M. Des Fonandrès (en grec, « le tueur d'hommes ») c'était Des Fougerais, médecin fort en vue. M. Bahys (« le bredouilleur »), c'était Esprit, Premier médecin de Monsieur (« Il est vrai, il faut bien prendre garde à ce qu'on fait ; car ce ne sont pas ici jeux d'enfant ; et, quand on a failli, il n'est pas aisé de réparer le manquement, et de rétablir ce qu'on a gâté : *experimentum periculosum*. C'est pourquoi il s'agit de raisonner auparavant comme il faut, de peser mûrement les choses, de regarder le tempérament des gens, d'examiner les causes de la maladie, et de voir les remèdes, etc. »). M. Macroton (« l'ânonneur »), c'était Guéraut, Premier médecin de la reine (« Mon-si-eur, dans ces mati-è-res, il faut pro-cé-der a-vec-que circons-pecti-on, et ne ri-en fai-re, com-me on dit, à la vo-lée... »). M. Filerin (« le chicaneur »), c'était Yvelin, Premier médecin de Madame (« N'avez-vous point honte, messieurs, de montrer si peu de prudence, pour des gens de votre âge, et de vous être querellés comme de jeunes étourdis ? Ne voyez-vous pas, etc. »). Enfin M. Tomès, c'était le Premier médecin du roi, celui-là même qui ce matin à sept heures et demie vient d'entrer dans la chambre de Sa Majesté, c'est Antoine D'Aquin (« le saigneur ») qui avait en outre la particularité d'être le propriétaire de la maison qu'habitait Molière, et sans cesse en chicane avec lui — on n'a pas idée de prêter à ce point le flanc à la farce...

Vrais donc, les médecins. Et leur médecine ? Je suggère de jeter un œil sur le *Journal de la santé du roi*, rédigé soigneusement, jour après jour, par ses médecins, Vallot, D'Aquin et Fagon. Il est aujourd'hui publié et nous pouvons le lire, mais c'était du temps de Molière un document secret, enfermé dans un secrétaire auquel n'avaient accès que le roi lui-même et son Premier médecin. Sur la table, à côté du livre ouvert, plaçons les œuvres de Molière : *L'Amour médecin*, écrit sur ordre du roi, comme Molière le dit lui-même dans la préface, rédigé, appris, répété et joué en l'espace de cinq jours, « simple crayon, un petit impromptu, le plus précipité de tous ceux que Sa Majesté m'ait commandés ». Ou bien *Monsieur de Pourceaugnac*, écrit aussi sur ordre du roi, et encore à la hâte, à Chambord. Voici un exemple de ce que donne cette juxtaposition.

D'Aquin, *Journal de la santé du roi* : « [...] vapeurs élevées de la rate et de l'humeur mélancolique dont elles portent les livrées par le chagrin qu'elles impriment et la solitude qu'elles font désirer. Elles se glissent par les artères au cœur et au poumon, où elles excitent des palpitations, des inquiétudes, des nonchalances et des étouffements considérables. De là, s'élevant jusqu'au cerveau, elles y causent, en agitant les esprits... »

Molière, *Monsieur de Pourceaugnac* : « [...] laquelle procède du vice de quelque partie du bas ventre, et de la région inférieure, mais particulièrement de la rate, dont la chaleur et l'inflammation portent au cerveau de notre malade beaucoup de fuligines épaisses et crasses, dont la vapeur noire et maligne cause dépravation aux fonctions de la faculté princesse et fait la maladie dont, par notre raisonnement, il est manifestement atteint et convaincu... »

*

On peut aller plus loin encore, jusqu'au cauchemar. C'est au moment de la bataille qu'on juge un général, et non à la revue des troupes : Bazaine n'était pas un mauvais général de garnison... Prenons donc les médecins dans un moment dramatique, face à la mort, et, de l'autre côté de la page, plaçons à nouveau les phrases de Molière. Rappelons-nous que Molière a joué *L'Amour médecin* le 15 septembre 1665, à Chambord, dix-huit ans avant la mort de la reine Marie-Thérèse, dont nous allons suivre les derniers instants en présence de ses médecins.

Septembre 1683. Marie-Thérèse est donc sur son lit de mort ou, pour mieux nous situer dans le déroulement des faits, celui dont nous savons aujourd'hui qu'il sera dans un moment, celui de sa mort.

Trois médecins sont à son chevet, et non des moindres ; ce sont, dirions-nous aujourd'hui, les trois « sommités » de la médecine.

En premier lieu, D'Aquin, que nous connaissons. Il est devenu entre-temps Premier médecin du roi et ce titre, cette situation font que, de toute façon et quoi qu'il advienne, son avis l'emportera. À moins qu'il n'en change, bien entendu. Mais D'Aquin n'est pas de ces hommes qui changent d'avis quand on leur démontre qu'ils se trompent.

Ensuite, Fagon. Il n'est encore que Premier médecin de la reine, mais il sera bientôt le successeur de D'Aquin ; d'ailleurs il y pense déjà. Il est donc ce que nous appellerions le « médecin traitant ». Sa fonction auprès de son illustre patiente lui donne évidemment une incontestable autorité : si quelqu'un connaît la reine et connaît ses humeurs et ses fluxions, c'est lui. Par son expérience, il est premier. Malheureusement pour lui et surtout pour la malade, par son rang dans la hiérarchie, il n'est que second : le Premier médecin du roi a nécessairement le pas sur lui.

Voici maintenant paraître un troisième personnage. Il se nomme Moreau ; c'est le Premier médecin de la dauphine. Il n'est présent qu'au titre de consultant. On ne sait pas grand-chose de lui mais, de toute façon, vous l'avez compris, il compte pour du beurre.

Dix-huit ans avant les faits, Molière raconte la scène :

L'Amour médecin, 15 septembre 1665 :

« TOMÈS : Monsieur, nous avons raisonné sur la maladie de votre fille, et mon avis, à moi, est que cela procède d'une grande chaleur de sang; ainsi je conclus à la saigner le plus tôt que vous pourrez. »

D'Aquin, dix-huit ans plus tard, le 27 ou le 28 septembre 1683, suit à la lettre les prescriptions de son double comique et prescrit une saignée au pied, pour soulager la reine. Fagon, Premier médecin de la reine et qui, tout de même, la connaît un peu, estime que la malade est trop affaiblie pour subir une saignée. Il a probablement raison.

Septembre 1665, *L'Amour médecin*, réplique suivante :

« M. DES FONANDRÈS : Et moi, je dis que sa maladie est une pourriture d'humeurs causées par une trop grande réplétion : ainsi, je conclus à lui donner de l'émétique. »
27 juillet 1683 : Fagon propose donc de l'émétique.

L'Amour médecin, septembre 1665 :

« M. TOMÈS : Je soutiens que l'émétique la tuera.

M. DES FONANDRÈS : Et moi que la saignée la fera mourir.

M. TOMÈS : C'est bien à vous de faire l'habile homme !

M. DES FONANDRÈS : Oui, c'est à moi.

M. TOMÈS : Si vous ne faites saigner tout à l'heure votre fille, c'est une personne morte.

M. DES FONANDRÈS : Si vous la faites saigner, elle ne sera pas en vie dans un quart d'heure. »

27 juillet 1683 : le Premier médecin du roi et le Premier médecin de la reine, les deux éminences de leur temps, s'empoignent sur la saignée et sur l'émétique, avec le

sérieux, l'entêtement, l'emportement et la hargne de deux sorbonnards, de deux idéologues, de deux théologiens, de deux politologues, sociologues, technocrates, tacticiens, stratèges, méthodologistes, face au corps souffrant et misérable de la reine, qui va mourir pendant qu'ils causent.

Le pauvre Moreau, troisième médecin en présence, bien embarrassé, fait ce qu'il doit faire. Simple consultant, il dit ce qu'il faut dire, et se rallie au jugement de celui de ses confrères qui est *hiérarchiquement* dominant.

Septembre 1669, *Monsieur de Pourceaugnac* : « Je dis donc, Monsieur notre Ancien, qu'il ne se peut rien de plus doctement, sagement, ingénieusement conçu, pensé, imaginé, que ce que vous avez prononcé au sujet de ce mal, soit pour la diagnose, ou la prognose, ou la thérapie. »

Juillet 1683 : Moreau donne raison à D'Aquin, selon la préférence hiérarchique. À deux contre un, on prescrit la saignée.

Mais voici que, presque aussitôt, entre en scène un quatrième personnage, le semeur de trouble. Car si l'on a prescrit la saignée, il va bien falloir la pratiquer. Cela est du ressort et du domaine de responsabilité du Premier chirurgien. Il se nomme Dionis de son vrai nom. C'est plus vrai que nature : on dirait que Molière l'a inventé.

Il faut savoir ce qu'est un chirurgien au xvIIe siècle. Je parle de *rang*, bien entendu. On aura tout compris dès que j'aurai dit qu'il est de la même confrérie que les barbiers. De même que, dans cette société de vieilles structures emboîtées, un musicien du roi fait partie de la même corporation que les jongleurs du Pont-Neuf, qui se nomme « Communauté des maistres de danse et joueurs d'instruments, tant haut que bas », de même exactement, le Premier chirurgien du roi porte le titre de « chef et garde des chartes et privilèges de la chirurgie et barberie du royaume ». En raison de son rang, le Premier chirurgien ne peut intervenir que sous l'autorité du Premier médecin : il ne peut rien faire ni prescrire, pas un coup de bistouri ou de lancette, sans son assentiment, sous peine d'être « cassé aux gages ». Ce n'est qu'un barbier monté en graine, un manieur de rasoir devenu ajusteur de bistouri.

Donc, ce modeste tailleur de chair est chargé de l'exécution de la sentence, c'est-à-dire la saignée, ce qu'il doit faire avec dextérité, du bout des doigts et sans trembler. Il aura tout le temps plus tard, comme le malheureux Félix, qui, après l'insoutenable effort qu'il fit sur lui-même en opérant le roi d'une fistule, au risque de le tuer, gardera jusqu'à sa mort, dix-sept ans plus tard, un tremblement de la main.

Dionis était le roi du scalpel, sans nulle doctrine en tête, sans théorie ni sur la saignée ni sur l'émétique, sans idéologie ni dogme, sans positions de principe. Il allait donc tailler, recueillir une ou deux pintes de sang : l'enfance de l'art, pour un chirurgien-barbier.

Malheureusement, il était aussi doué d'esprit d'observation et commit la faute de s'occuper de ce qui ne le regardait pas. Il porta l'attention de ces messieurs sur une petite tumeur sous l'aisselle de Sa Majesté. Il insista même : là, et là seulement était le mal dont souffrait la reine. Il suffisait d'inciser là.

Rien n'y fit.

La situation hiérarchique, non seulement des hommes mais des disciplines et des emplois, la priorité accordée en ce temps-là au raisonnement logique et déductif sur l'expérience, en somme tout ce qui caractérise la médecine de ce temps, tout ôtait parole et crédibilité à Dionis, eût-il raison. Il avait tort puisque sa position faisait qu'il ne pouvait pas avoir raison, et que de toute façon il n'avait pas le droit de le dire.

Le malheur est qu'il avait raison. On aurait peut-être sauvé la reine en débridant cet abcès. On le constatera à l'autopsie. On l'écrira, et c'est pourquoi cette histoire nous est connue dans tous les détails. Marie-Thérèse est morte, le 30 juillet 1683, d'un abcès non soigné, qui s'est propagé à l'intérieur de sa poitrine, traversa la plèvre, envahit le poumon et provoqua l'asphyxie.

Des hommes, des femmes meurent ainsi pour que soient appliqués les principes ; les civilisations, d'ailleurs, meurent de la même manière. Les royaumes aussi ; la royauté, en France, disparaîtra en 1789 du même mal que la pauvre reine Marie-Thérèse : refus d'un diagnostic, parce que porté par personne n'ayant pas autorité pour le formuler. Mais qui n'a entendu, sur notre petit écran, ou même lu dans nos journaux la phrase qui réduisit au silence le chirurgien Dionis : « Cet homme a tort, puisqu'il n'est pas en situation d'avoir le droit d'avoir raison. » Hier encore... Molière est toujours parmi nous, et Tomès aussi ; et Tartuffe, donc... Pardon, je m'égare...

Mais n'est-il pas vrai que l'aveuglement des hommes, ceux d'hier, ceux d'avant-hier, ceux d'aujourd'hui, leur vient de ce qu'ils raisonnent sur ce qu'ils savent ? Et s'ils savent peu, il faut qu'ils raisonnent davantage ; qui le leur reprocherait ? Le malheur vient lorsque, raisonnant sur ce peu, on fabrique un monde si raisonnable qu'on le croit vrai, tandis qu'il est imaginaire. On en déduit, en raisonnant, des lois absolues, on les polit, on les affine et quand elles sont devenues parfaites et irréfutables, on les applique au monde réel. On saigne alors les gens pour appliquer les lois d'Hippocrate et de Galien, on les met en prison pour appliquer celles du grand corpus politique qui fera leur bonheur, et Molière a toujours raison : « Un homme mort n'est qu'un homme mort et ne fait point de conséquence ; mais une formalité négligée porte un notable préjudice à tout le corps des médecins » (*L'Amour médecin*, acte II, scène 2).

N'accablons pas pourtant ces pauvres gens. La bêtise est de tous les temps, et ceux-là travaillaient avec ce qu'ils avaient. La médecine du temps de Louis XIV se trouve à un tournant difficile. On raisonne sur Galien et sur Hippocrate, qui ont démontré voilà des siècles que le tempérament et la santé des hommes n'ont d'autre source que l'équilibre de quatre humeurs, le sang, la bile, le phlegme et l'atrabile. Si l'une est « viciée » ou excessive, on tombe malade. Que faire sinon des saignées, si l'humeur « viciée » est dans le sang, donner de l'émétique si elle est dans la bile, purger, donner des clystères pour vider le mal en le prenant où il est ? C'est ce qu'on enseigne en Sorbonne, d'où sortent Vallot et d'Aquin. À Montpellier, on pense autrement, on croit à des fricassées, des fermentations, des effervescences, des acrimonies, des bouillonnements et des échauffourées d'acidités et d'alcalinités. C'est peut-être l'avenir, cette chimie, mais allez savoir...

Fagon vient de Montpellier, il faudra bien qu'il ait la peau de D'Aquin, et qu'importe si le malade meurt dans les règles !

Il ne faut jamais reprocher aux hommes leur ignorance, mais seulement leur obstination à construire des systèmes sur ce qu'ils ne savent pas.

VIII

Huit heures du matin

Le Premier gentilhomme de la Chambre entre et tire le rideau du lit du roi. C'est son privilège.

De quoi faut-il s'étonner davantage : de la ritualisation des fonctions et des gestes, de la distinction attachée à chacun d'eux, de l'attribution qui en est faite à tel ou tel selon sa place dans la hiérarchie, du rapport entre la trivialité ou, du moins, le caractère utilitaire et prosaïque de ces gestes et de ces fonctions ? Aucun des hommes qui vont entrer dans la chambre du roi n'accepterait d'avoir la moindre activité pratique (tenir un marteau ou une fourche, faire du commerce, gérer ce qu'on commence à appeler une manufacture). Dans leur langage, cela s'appellerait *déroger*. Aucun d'eux n'accepterait de faire son propre lit ou de cuire un œuf pour son déjeuner ; ni, bien entendu, de vider son propre pot de chambre. Et c'est un privilège, c'est un honneur, c'est même une prérogative, que de le faire, ce matin, à huit heures, dans la chambre du roi.

Celui qui tire le rideau ce matin, c'est un duc. Ils sont quatre à servir à tour de rôle, un an sur quatre : le duc de Créqui, le duc d'Aumont, le duc de Gesvres et le comte et bientôt duc de Saint-Aignan. La plupart des offices royaux s'exercent « par quartier », c'est-à-dire un trimestre sur quatre ; mais celle de Premier gentilhomme est trop importante et demande trop de continuité dans le service pour pouvoir ainsi se distribuer sur une durée trop courte. Le Premier gentilhomme a la haute main sur tout ce qui concerne la vie du roi — sa vie privée, si l'on peut dire — et ses divertissements. Ce n'est pas une sinécure. C'est un homme de confiance qui doit tout voir, tout contrôler.

Le rideau tiré, le Premier gentilhomme appelle les Grandes Entrées, c'est-à-dire les quelques personnes qui vont avoir le privilège d'entrer chez le roi alors qu'il est encore dans son lit. Mais il faut noter qu'avant même ces Grandes Entrées, ont déjà pénétré dans la chambre les personnages qui ont le privilège des « Entrées par les derrières », c'est-à-dire les membres (masculins) de la famille royale, plus quatre personnes et seulement quatre : Mansart, le duc d'Antin, Monchevreuil et d'O. Ceux-là peuvent entrer chez le roi à tout moment, sans se faire annoncer. Il y a ainsi, au sein de l'ordre, des exceptions, à tous les niveaux.

Les Grandes Entrées, donc : le Grand chambellan (héritier du Grand chambrier), le Grand maître de la Garde-Robe (duc de La Rochefoucauld), le Grand écuyer (que l'on appelle Monsieur le Grand, tout court), les maîtres de la Garde-Robe, le Premier valet de la Garde-Robe (ils sont quatre, par quartier : Alexandre Bontemps, M. de Nyert, Louis Blouin, Quentin, sieur de La Vienne), et enfin le Grand aumônier.

Le roi est dans son lit. Il porte encore, je pense, son bonnet de nuit, qu'en tout cas on lui a remis la veille à son coucher. Il est vêtu d'une longue chemise de nuit de toile fine, froncée au cou et fermée par un nœud.

Le Premier valet de chambre dépose sur ses mains quelques gouttes d'esprit de vin (ce que nous appelons de l'alcool...) et ensuite seulement le Grand chambellan lui présente le bénitier. Le roi se signe et récite l'office du Saint-Esprit. Dans le cabinet voisin, le Grand aumônier murmure une courte messe basse, que le roi écoute de son lit.

C'est alors le Petit Lever.

Le Grand chambellan présente au roi une ample robe de chambre. Sa Majesté chausse ses mules et, à partir de 1672, pour la commodité de son habillement, coiffe une courte perruque « à la brigadière », en attendant la grande, qu'il ne mettra qu'une fois entièrement vêtu.

IX

Pourquoi une perruque?

Il y eut un temps où Louis XIV avait des cheveux. De vrais cheveux, beaux, dit-on, d'un châtain soutenu, et abondants, frisés, crêpelés même, souples et légers. Un beau portrait par Le Brun, au musée de Versailles, le montre vers vingt-cinq ans. Tout est fait pour qu'on l'y trouve beau, avenant, séduisant, royal pour tout dire. On peut admirer son ample chevelure qui couvre ses épaules et se mêle aux fleurs de lys d'or ornant sa riche armure polie de paladin pour roman précieux.

Mais quand nous songeons au Roi-Soleil, pensons-nous vraiment à ses cheveux? La première image qui se présente à nous, avant les yeux, avant le nez busqué, avant la bouche qui se fait dédaigneuse avec l'âge, c'est sa perruque. Elle est si parfaitement identifiée à sa personne, à son règne, à son siècle, que notre mémoire et les images qu'elle fabrique ne nous montrent jamais le visage de Louis XIV qu'encadré par des cascades de boucles fausses qui s'étalent jusqu'à sa poitrine, jusqu'à ses coudes, et élèvent sur son front un double tumulus bien ordonné. Racine a la même, Louvois aussi, et Vauban.

Ainsi va l'Histoire. C'est une bâtisse édifiée à l'aide de blocs d'images toutes faites que nous nous transmettons, souvent (mais pas toujours) sans penser à mal, mais sans davantage nous demander si elles sont vraies ou si ce sont, elles aussi, des postiches. Et quand bien même nous le saurions, l'image que nous savons inexacte reste parfois plus forte que la vérité que nous n'ignorons pas. « L'État, c'est moi », il ne l'a pas dit. « Après moi, le déluge », Louis XV non plus. « La Garde meurt mais ne se rend pas », même pas Cambronne. Mais c'est plus fort que si c'était vrai ; donc, c'est vrai. L'Histoire est toujours à la ressemblance de ce que nous voulons qu'elle soit.

Charlemagne, qui n'eut jamais que de longues moustaches tombantes, s'est vu affubler trois siècles après sa mort de sa barbe fleurie. Pourquoi ? Sans autre raison que de l'aider à ressembler aux preux chevaliers du XIe siècle, qui s'enorgueillissaient de la leur et mesuraient leur vaillance à son épaisseur. Ils se cherchaient un ancêtre, un père fondateur : Charlemagne ne pouvait jouer ce rôle qu'avec une barbe. On en dota Roland et Olivier, afin de mieux en faire des modèles de vaillance. Brusquement, la barbe disparut de tous les mentons pour que Perceval et Lancelot se présentent avec plus de courtoisie à Blanche-flor et à la reine Guenièvre, et les visages resteront glabres jusqu'à François Ier. Mais durant le même temps, toutes les têtes furent pourvues de cheveux longs, ou mi-longs : « à la Jeanne d'Arc », puisque c'est pour être parmi les hommes, et comme eux, que la Pucelle se fit une frange sur les yeux et une coupe arrondie sur la nuque.

Or voici qu'en 1520, à la suite d'un accident, il fallut panser le crâne du roi François, qui avait gagné Marignan avec les cheveux longs. On fit venir un barbier, qui coupa ce qu'il fallait. Le roi guérit, se regarda dans un miroir et se trouva bien. Toute l'Europe l'imita dans l'instant, de Charles Quint à Henri VIII. François Ier en cheveux courts se laissa pousser la barbe, pour équilibrer les choses, ce qui, à l'exception des moines, ne se faisait plus depuis trois siècles. Et, d'Henri VIII à Charles Quint, tout le monde en fit autant, et Rabelais, et Ronsard, et Montaigne, et Shakespeare, jusqu'au bon roi Henri et à son fils Louis XIII. Les barbes furent longues ou courtes, étalées en éventail ou effilées en pointe, réduites par le coquet Henri III à un mince triangle, mais nul ne songea, jusqu'au Roi-Soleil, à se raser le menton, pas plus qu'on n'imagina, avant Louis XIII, de se laisser pousser les cheveux.

Le Roi-Soleil à vingt-cinq ans portait donc les cheveux longs, répandus sur ses épaules et sur son dos avec quelques mèches en accroche-cœur sur le front ; et c'est ainsi que Le Brun l'a peint, en roi galant, que le Bernin l'a sculpté, en héros, mais aussi que Nocret ou Werner l'ont représenté, en Apollon : car un dieu peut bien être nu, mais non pas avoir les cheveux courts. Ainsi, sur le tableau, Louis XIV montre son torse, mais pas son crâne.

Or voici que le Roi-Soleil fut affecté, peu après que Le Brun l'eut peint, d'une calvitie précoce. Son grand-père Henri s'en serait accommodé. Son ancêtre François aurait pu inaugurer pour deux ou trois siècles une Europe tondue. Louis XIV choisit la perruque. Elle allait avoir raison de toutes les chevelures. Le plus étonnant, c'est que

Louis XIV n'a pas été le premier à en porter une : son père, Louis XIII, avait souffert, au même âge, du même mal et avait lui-même perdu ses cheveux. Mais qui parle de la perruque de Louis XIII? Qui songe même qu'il en portait une? Que les galants de son temps se mirent à l'imiter? Et qu'on a donc arboré de faux cheveux trente ou quarante ans avant le Roi-Soleil? Rien n'y fait : c'est à son auguste crâne à lui, et non à un autre, qu'elle est à jamais attachée...

*

La perruque peut avoir deux offices, qu'elle a remplis tout au long de l'Histoire, tour à tour mais jamais en même temps.

Le plus fréquent consiste à suppléer la disparition partielle ou totale des cheveux sur la tête des humains : car cette toison, qu'elle soit d'or ou de jais, demeure un des signes distinctifs de la condition d'homme, que seul le lion a le droit de revendiquer. La femme — qui, curieusement, semble plus rarement atteinte par cette perte du cheveu — a mille moyens d'y remédier : coiffes, bonnets, béguins, voiles, cornettes, faux chignons, tours de tête et tout ce qui a pu être inventé depuis Ève. L'homme a plus de mal à dissimuler qu'il est inférieur au lion. Il porte sa honte sur son front. Il tentait déjà de s'en corriger par le postiche au temps de Cicéron.

Mais la perruque peut, à certains moments particuliers de l'Histoire, prendre véritablement son autonomie. Elle cesse alors de répondre à une utilité. Elle n'a plus pour mission de cacher ce qui manque, mais de magnifier ce qui est. Homme ou femme, il n'y a plus alors de distinction. Tous les Khephren, tous les Touthmôsis et les Ramsès se retrouvent avec les Nophret, les Néfertari et les Hatshepsout sous la même perruque, par laquelle ils proclament ensemble que, si le vrai cheveu indique qu'on appartient à l'humanité, seul le faux manifeste qu'on fait partie de la civilisation. Le cheveu est une nature, la perruque est une culture.

Il allait être donné à Louis XIV d'allier ces deux fonctions. Parce qu'à trente-cinq ans, comme son père, il avait perdu ses cheveux, il eut recours, comme lui, à la perruque. Mais aussitôt, elle changea d'office. Regardez un portrait de gentilhomme, vers 1660. Impossible de dire s'il a une très belle chevelure, ou si elle est fausse. La fonction du postiche est alors d'imiter la toison naturelle, de l'amplifier, mais sans la trahir. Lorsque Louis XIV, par force, se résout à en porter une, sa nature change. Cela se voit, *et doit se voir*. La perruque cesse d'être un pis-aller, un remplumage, elle devient un ornement. Elle s'affirme comme perruque et ne se dissimule plus comme faux cheveux. Parce que Louis XIV était le Roi-Soleil, il allait faire d'elle le signe de sa grandeur et la léguer au monde. Parce qu'il devenait chauve, les cheveux naturels devenaient indignes d'un homme de bien. Parce que son crâne était nu, tous les hommes allaient tondre le leur pour pouvoir s'affubler d'un artifice, désormais promu au rang d'attribut solennel et grandiose de la qualité d'homme. D'un truquage, il faisait une vérité, et tout homme digne de ce nom allait désormais porter sur sa tête un jardin à la française, au lieu d'un simple potager. À part Monsieur, les deux Vendôme et le prince de Conti, il ne s'en trouverait plus un seul pour oser montrer le crâne que lui avait donné la nature : l'empereur, le roi d'Espagne, Newton, Bach, Voltaire, Frédéric II, tous allaient porter perruque pendant un siècle et demi. Tous, même Robespierre. Et comme le roi d'Angleterre imitait le roi de France, les lords portent perruque. Et parce que les lords portent perruque, les juges en porteront aussi. Et comme en Angleterre une tradition s'inscrit dans l'éternité, les juges anglais la portent toujours pour pouvoir prétendre au « Votre Honneur », même Charles Laughton quand il fait face à Marlene Dietrich. Honni soit qui mal y pense.

X

Huit heures et demie

Le roi s'est levé, en robe de chambre et perruque courte, et s'assied dans l'un des deux fauteuils placés de part et d'autre de son lit.

Le Premier gentilhomme appelle alors les Premières Entrées. Nous noterons, sans trop nous en étonner, l'illogisme de ces appellations issues de vieilles traditions : le Petit Lever sera suivi du Grand, mais les Grandes Entrées ne sont pas suivies des Petites, mais des Premières, qui sont en réalité les secondes, et même les troisièmes si l'on a comptabilisé celles Par les derrières...

On procède alors à la délicate opération qui consiste à vêtir la partie inférieure de la personne royale sans ôter sa robe de chambre. On enfile ses bas et son haut-de-chausses (qui ne prendra le nom de culotte qu'un peu plus tard, vers 1680).

C'est alors le Grand Lever. Le roi, en robe de chambre, son haut-de-chausses seulement remonté sur ses cuisses, fait appeler les Secondes Entrées.

Paraissent les Valets de chambre-barbiers, les Valets de chambre-tapissiers, le Médecin « ordinaire », les Secrétaires du cabinet, les Valets de garde-robe, les princes du sang, qui n'entrent que maintenant, et un certain nombre de gentilshommes qui attendaient dans l'antichambre. L'Huissier de la chambre laisse entrer la noblesse, selon le discernement qu'il fait des personnes plus ou moins qualifiées, après avoir communiqué leur nom au Premier gentilhomme, qui le murmure à l'oreille du roi et transmet sa réponse.

Ce qu'il nous faut imaginer maintenant, c'est la foule. L'ambassadeur Ézéchiel Spanheim parle « de la foule et de la presse », et tous les chroniqueurs s'accordent sur la cohue de l'entrée.

Mais le mieux est de laisser la parole à Molière, qui a croqué tout cela dans l'une de ses plus jolies pièces en vers, le *Remerciement au roi* — qui venait de lui accorder une pension de mille livres, au titre « d'excellent poète comique ». La scène se passe en 1662, au Louvre ; mais d'un château à l'autre, cela se vaut.

> *Faites tout le trajet de la salle des gardes ;*
> *Et vous peignant galamment*
> *Portez de tous côtés vos regards brusquement,*
> *Et, ceux que vous pourriez connaître*
> *Ne manquez pas, d'un haut ton,*
> *De les saluer par leur nom,*
> *De quelque rang qu'ils puissent être.*
> *Cette familiarité*
> *Donne à quiconque en use un air de qualité.*
> *Grattez de votre peigne à la porte*

De la chambre du roi.
Ou si, comme je le prévoi
La presse s'y trouve forte
Montrez de loin votre chapeau,
Ou montez sur quelque chose
Pour faire voir votre museau,
Et criez sans aucune pose
D'un ton rien moins que naturel
« Monsieur l'Huissier, pour le marquis un tel ».
Jetez-vous dans la foule et tranchez du notable ;
Coudoyez un chacun, point du tout de quartier,
Poussez, poussez, faites le diable
Pour vous mettre le premier ;
Et quand bien même l'Huissier
À vos désirs inexorable
Vous trouverait en face un marquis responsable,
Ne démordez point pour cela,
Tenez-vous toujours ferme là :
À déboucher la porte il irait trop du vôtre ;
Faites qu'aucun n'y puisse pénétrer
Et qu'on soit obligé de vous laisser entrer
Pour faire entrer quelque autre.

Vous avez noté que Molière emploie exactement les mêmes mots que Spanheim : « presse », « foule »... Une fois qu'on a passé la porte, cela n'a aucune chance de s'améliorer, puisque la chambre est plus petite que l'antichambre pour un nombre égal de courtisans :

Quand vous serez entré, ne vous relâchez pas ;
Pour assiéger la chaise, il faut d'autres combats ;

Tâchez d'en être des plus proches
En y gagnant le terrain pas à pas...

Molière a vu tout cela ; il l'a même vu souvent : il avait le privilège de faire partie des Secondes Entrées, et d'être présent au Lever, non en figurant, mais en acteur, puisque c'est lui qui faisait le lit du roi.

Car le privilège — c'en était un — de tirer et de lisser la royale couverture revenait au Valet de chambre-tapissier, et Molière l'était. Titon du Tillet, qui écrivit la bien intéressante et toujours bien informée *Description du Parnasse français*, où il raconte la vie des grands hommes du « siècle de Louis XIV », le souligne d'ailleurs : « Molière exerçait toujours la charge de tapissier-valet de chambre, et le roi le gracieusait en toute occasion. Voici un trait que j'ai appris de feu Bellocq, homme de beaucoup d'esprit et qui faisait de très jolis vers. »

Et Titon du Tillet nous montre Molière en action, dans cette petite anecdote qui en dit long sur l'atmosphère : « Un jour que Molière se présenta pour faire le lit du roi, R..., aussi Valet de chambre de Sa Majesté, qui devait faire le lit avec lui, se retira brusquement en disant qu'il ne le ferait pas avec un comédien. Bellocq s'approcha dans le moment et dit : "Monsieur de Molière, vous voulez bien que j'aie l'honneur de faire le lit du roi avec vous ?" Cette aventure vint aux oreilles du roi, qui fut très mécontent du procédé de R... et lui en fit de vives réprimandes. »

Valet de chambre, donc, l'auteur du *Bourgeois gentilhomme*. Outre le fait que ce titre lui permettait d'être « gracieusé en toute occasion » par Louis XIV, Molière, selon toute apparence, en était fier. La Grange, son fidèle bras droit, le souligne dans la préface qu'il a écrite pour les œuvres de Molière en 1682 : « Son exercice de la comédie ne l'empêchait pas de servir le roi dans sa charge de valet de chambre, où il se rendait très assidu. »

Il avait hérité cette charge de son père, Jean Poquelin, le tapissier, qui l'avait tenue avant lui. On était donc Tapissier et Valet de chambre de père en fils et Poquelin avait obtenu pour le sien la survivance en 1637 : un an avant la naissance du Roi-Soleil, Louis XIII avait signé les *Lettres de provisions*. À quinze ans, bien avant d'être Molière, Jean-Baptiste Poquelin a pu être et a certainement été en fonction au Lever du roi, à la place ou aux côtés de son père.

C'était une pratique sinon courante, du moins tout à fait ordinaire. Du Bois, Valet de chambre lui-même durant des années, et qui a eu la bonne idée d'écrire ses *Mémoires*, se fit remplacer plusieurs années de suite par son fils, qui avait la survivance, comme Molière celle de son père. Quand il reprit sa charge, ce fut avec son petit-fils, qui l'accompagnait chaque matin. Et le petit garçon de dix ans tenait le miroir du roi pendant qu'on le peignait, aux côtés de son grand-père, Valet en titre. Ainsi, lorsque Molière, après ses pérégrinations en province, vint jouer en octobre 1658 *Nicomède* et *Les Trois Docteurs rivaux* dans la salle des Gardes du Louvre (celle même où nous venons de voir sous sa plume la « presse » et la « foule » attendre le lever du roi), Molière, ce comédien encore inconnu débarquant à Paris, ne l'était peut-être pas du tout de Louis XIV : il avait peut-être déjà lissé sa couverture, des années plus tôt, et le roi n'oubliait jamais rien. Cette charge de Valet de chambre est même probablement ce qui a permis à Molière, dès son retour à Paris, d'être nommé avec sa troupe Comédien de Monsieur, frère du roi.

En tout cas, cette première représentation devant le roi, avec *Les Trois Docteurs rivaux*, n'était sans doute pas innocente non plus. Lorsque Molière, après *Nicomède*, s'avança ce soir-là devant ses comédiens et dit que « l'envie qu'ils avaient d'avoir l'honneur de divertir le plus grand roi du monde » lui suggérait « un petit divertissement qui lui avait acquis quelque réputation et dont il régalait les provinces », il devait bien savoir ce qu'il faisait en se moquant des médecins. Il les avait vus au lever, il savait que le roi les supportait mal : il était sûr de plaire.

C'est aussi au Lever du roi que Molière rencontra Racine, un an plus tard, en novembre 1663. L'auteur de *Bérénice* n'avait même pas encore écrit son *Alexandre*, que Molière allait créer en 1664. Il n'était encore que l'auteur de deux petits poèmes courtisans, *La Renommée aux Muses* et l'*Ode sur la convalescence du roi*. Il guettait les faveurs du comte de Saint-Aignan, Premier gentilhomme et organisateur, à ce titre, des spectacles de la cour. Racine piaffait déjà d'ambition. Il venait de recevoir, grâce à Saint-Aignan, une gratification pour avoir si bien rimé à la louange de Sa Majesté. Et il écrit, ce mois de novembre 1663, à son ami l'abbé Le Vasseur : « *La Renommée* a été assez heureuse. M. le comte de Saint-Aignan l'a trouvée fort belle. Il a demandé mes autres ouvrages, et m'a demandé moi-même. Je dois aller le saluer demain. Je ne l'ai pas trouvé au lever du roi, mais j'y ai trouvé Molière, à qui le roi a donné assez de louanges, et j'en ai été bien aise pour lui ; il a été aussi bien aise que j'y fusse présent. »

« Le roi le gracieusait en toute occasion », dit l'un. « Le roi lui a donné assez de louanges », dit l'autre. Assurément, Molière était déjà dans les très bonnes grâces de Louis XIV, pour que les deux seuls textes qui nous le montrent à cette époque face au roi et en public soulignent l'un et l'autre tout le bien qu'il dit de lui...

XI

Mais est-ce qu'on « gracieuse » un valet ? Est-ce qu'on « donne des louanges » à un valet ? C'est cette fois le vocabulaire qui nous trompe. Le siècle des Lumières et à sa suite le siècle bourgeois nous empêchent de voir les choses comme elles étaient. Le XVIIᵉ siècle, si complexe, n'en finit pas, lui, d'emboîter, d'ajuster et de tuiler le Moyen Âge, le présent et l'avenir, et de faire coexister des notions, des manières d'être et de sentir qui nous paraissent contradictoires et qui ne l'étaient pas.

« Valet », au XVIIᵉ siècle, c'est *encore* un titre de noblesse, et c'est *déjà* en train de devenir une injure. C'est encore, comme ici, un privilège (que Jean-Baptiste Poquelin a tenu à conserver pour son fils), et c'est déjà la plus basse condition domestique. Valet, c'est le titre qu'on donnait au Moyen Âge aux jeunes seigneurs qui faisaient leur service noble, avant d'être armés chevaliers ; on était page, puis valet. Quand Villehardouin raconte qu'on a envoyé un messager au roi « avec le *valet* de Constantinople », de qui parle-t-il ? Du fils de l'empereur... Quand Louis XIII nomme Jean Poquelin père Tapissier-Valet de chambre du roi, il lui confère la plus haute distinction qu'il puisse accorder à un membre de la corporation des tapissiers : il l'élève jusqu'à lui, le prend parmi ses gens, le charge de travailler à la décoration de ses châteaux et lui donne pour signe distinctif, dans sa propre chambre, de lisser la couverture de son lit. C'est une manière d'anoblissement ; et c'est bien ainsi que Molière l'entend.

Mais cela ne s'entend ainsi qu'à l'intérieur de ce système qu'est la cour. Hors de la cour, les choses ont changé, et le mot avec elles. Un siècle avant Molière, Étienne Pasquier notait déjà cette évolution : « Valet anciennement s'adoptait fort souvent à titre d'honneur près des rois, car non seulement on disait Valet de Chambre ou de Garde-Robe, mais aussi Valet tranchant et d'écurie ; et maintenant le mot valet se donne dans nos familles à ceux qui entre nos serviteurs sont de moindre condition. » Cent cinquante ans plus tard, Saint-Simon, lorsqu'il écrit « le maréchal de Noailles, le plus valet de tous les hommes », a déjà fait glisser le mot vers sa valeur la plus méchamment péjorative.

Méfions-nous des mots. C'est à peine si leur carapace change quelquefois un peu avec l'orthographe : mais ce dont ils parlent s'est transformé avec les choses, avec les manières de vivre, avec les mœurs, avec les pensées. Les mots sont pleins de sous-entendus, dont les hommes les remplissent comme des pâtés en croûte : et parfois nous ne comprenons plus ce qu'ils disent. Quand donc le mot « vilain » a-t-il cessé de désigner un brave villageois pour le qualifier de rustre, de malappris et de coquin, alors que son frère « villageois » restait honnête ? Et voyez comme l'érudit Étienne Pasquier nous tend lui-même un piège en affirmant que Valet d'écurie est un titre noble (il veut parler,

71

bien sûr, d'un jeune *écuyer*), alors que nos arrière-grands-pères, s'ils avaient encore des chevaux, n'y voyaient plus qu'un ramasseur de crottin ?

Dans une société qui ne veut pas établir de rupture avec son passé, comme était la royauté, le vocabulaire recèle mille secrets, qui se perdent lorsqu'elle disparaît. Mais il faut, pour les deviner, prendre les mots au sérieux et ne jamais oublier qu'ils sont eux-mêmes une partie de l'Histoire.

*

Ainsi, Molière était Valet de chambre et ne s'en plaignait pas. Nous ne devons pas non plus nous en plaindre, et pour plusieurs raisons.

La première est que son petit poème, ainsi que la lettre de Racine à son ami nous peignent l'atmosphère du Lever du roi avec beaucoup plus de vérité et de naturel que tous les textes officiels dont nous pouvons disposer dans nos archives. Où voit-on que, pendant qu'on lui fait la barbe ou qu'on lui passe sa robe de chambre, le roi est autre chose qu'un mannequin ? Où voit-on qu'il parle, qu'on lui parle, qu'il sourit, qu'il est vivant ?

> *Dès que vous ouvrirez la bouche*
> *Pour lui parler de grâce et de bienfait,*
> *Il comprendra d'abord ce que vous voulez dire*
> *Et se mettant doucement à sourire...*

Mais la seconde est plus importante encore. Que Molière soit « très assidu » au Lever me paraît même essentiel et je m'étonne toujours que l'on ne souligne pas davantage la connivence qui ne cesse de se manifester entre le roi et lui. Et je veux bien dire par là : entre l'œuvre de Molière et la pensée du roi.

Nous connaissons la manière dont a été composée la première comédie-ballet, *Les Fâcheux*, que Molière a joués à Vaux-le-Vicomte, au tout début de sa carrière parisienne. Il nous raconte lui-même dans la préface comment et pourquoi il a ajouté une scène. En regagnant son carrosse, le roi désigna de la canne le marquis de Soyecourt, futur Grand veneur, et dit à Molière : « Voilà un grand original que tu n'as pas encore copié. » Soyecourt, enragé chasseur et intarissable conteur de parties de chasse, comme ils sont tous, et le roi lui-même, d'ailleurs, au dire de Saint-Simon, qui s'étonne qu'il puisse tant parler de choses si futiles. Ainsi naquit en vingt-quatre heures le personnage de Dorante et la scène de la chasse, l'une des meilleures des *Fâcheux*. « Il faut avouer, Sire, que je n'ai jamais rien fait avec tant de facilité, ni si promptement que cet endroit où Votre Majesté me commanda de travailler. »

Mais s'il a suffi d'un geste de la canne et d'une petite phrase de Louis XIV, le 17 août 1661, combien d'autres petites phrases, combien de petits mouvements de la main ou des yeux a-t-il pu faire, à son Lever, face à Molière, « si assidu » ?

Tous les personnages étaient là, entre le roi et lui. Les médecins ? Mais les voici. Ils viennent de tâter le pouls du roi, de lui faire un petit galimatias sur ses humeurs, de lui parler de son régime. Ils agacent Sa Majesté, chacun le sait. Un geste, un regard, un demi-sourire, pas même besoin d'ajouter : « Voilà un grand original que tu n'as pas encore copié. » Message transmis. Aucune crainte pour le succès de la pièce quand elle sera créée à Versailles : l'applaudissement royal est assuré.

Et les bourgeois gentilshommes ? Et les Pourceaugnac débarqués de leur province ? Et les Harpagon (il y en a un là, dans la chambre du roi, nous le verrons tout à l'heure au conseil) ?

Et les Dom Juan ? Comment oser une si rude attaque contre de grands personnages, si haut placés et si redoutables (Conti, mais aussi Guiche, Vardes...) sans un clin d'œil préalable ? Et clin d'œil réciproque, si l'on se souvient que Louis XIV déteste le tabac, et que la pièce s'ouvre sur le ridicule Sganarelle (que joue Molière) : « Quoi que puisse dire Aristote et toute la philosophie, il n'est rien d'égal au tabac : c'est la passion des honnêtes gens et qui vit sans tabac est indigne de vivre... » Applaudissements assurés, pour ce qui est comique comme pour ce qui ne l'est pas.

Et les Tartuffe ? Peut-on imaginer que Molière ait pu se lancer dans une entreprise aussi dangereuse sans être assuré qu'il ne risquait rien, ou rien de grave ? Comment expliquer autrement que, à peine la pièce retirée (mais non interdite, et jouée en privé), la troupe de Molière ait aussitôt pris le titre de Troupe du Roi, avec une pension de six mille livres ? Et le mot du roi à Molière : « N'irritez pas les dévots, ce sont gens implacables » ?

Non, vraiment, la présence « assidue » de Molière au Lever du roi ne me paraît pas sans conséquence. Ne parlons pas seulement des œuvres expressément commandées par Louis, avec un sujet indiqué par lui, comme *Les Amants magnifiques*, *Le Bourgeois gentilhomme* ou *Psyché*.

Essayons de relire Molière en nous plaçant par l'imagination dans la peau d'un homme de cour, l'un de ceux qui assistent au Lever, que nous doterons d'un peu de finesse et d'un regard un peu perçant : tout est là, autour de nous, les hommes, les manières d'être et de vivre, les qualités, les travers et les vices. Nous reconnaissons tout, depuis l'énoncé du menu de fête que Maître Jacques présente à Harpagon (« Quatre grands potages et cinq assiettes, potages, entrées, rôt, entremets... » : c'est le repas du roi, tel qu'on le verra tout à l'heure), jusqu'à la cérémonie turque du *Bourgeois gentilhomme* (c'est la réception de Soliman Aga à Saint-Germain). Le roi reconnaît tout, et rit de tout.

Cette présence fréquente de Molière au quotidien de la vie de Louis XIV n'a pas été assez remarquée ni soulignée, peut-être parce qu'elle paraît trop étrange à nos usages, trop étrangère à nos idées sur la littérature et sur le pouvoir. Faire le lit du roi ! Quelle humiliation pour le génie ! Eh bien, non. Ce sont nos idées qu'il faut changer, si nous voulons comprendre et Molière et le roi, et la connivence qui existe entre eux. Il se pourrait même que l'anecdote fameuse de l'en-cas de nuit, dont Ingres a fait un tableau où l'on voit Louis XIV inviter Molière à manger un morceau et s'adresser au public : « Vous me voyez, messieurs, occupé de faire manger Molière, que mes Valets de chambre ne trouvent pas assez bonne compagnie pour eux », cette anecdote pourrait bien retrouver quelque crédibilité. Elle a été beaucoup discutée ; on l'a dite fausse, invraisemblable. Ce n'est pas si sûr ; le vrai, d'ailleurs, comme dit Boileau, peut quelquefois n'être pas vraisemblable.

XII

Neuf heures

Mais Molière vient de nous montrer la « presse » et la « foule » qui s'avancent en rangs serrés, « pour assiéger la chaise », comme il dit.

Quelle chaise ? Eh bien, oui, cette presse et cette foule sont entrées et se battent à la porte, juste à temps pour le moment où le roi va passer sur sa « chaise d'affaires ». C'est d'ailleurs pourquoi ces courtisans sont titulaires d'un « brevet d'affaires ». Il s'agit bien entendu, de sa chaise percée.

Nous y voilà... On en a tant parlé, tant de générations de touristes, à Versailles, se sont étonnées, exclamées, esclaffées, qu'on a une légère hésitation avant de revenir sur ce sujet rebattu. Quoi ! Qu'est-ce ? Le Roi-Soleil fait ce qu'on appelle « ses besoins » en public ? N'y a-t-il donc pas, dans cet immense palais, le moindre recoin, une petite alcôve, un minuscule réduit, ce que justement nous avons fini par appeler « cabinet », où il puisse s'isoler, se cacher, se retirer un moment pour accomplir sans témoin l'acte, inévitable, mais grossier et sale, auquel est contrainte la nature humaine ? Pourtant si, il y en a, et précisément derrière sa chambre, et cela s'appelle justement « cabinet »; mais cela sert à des choses beaucoup plus graves, notamment à traiter les affaires du royaume, si bien qu'aujourd'hui dans nos républiques nous appelons toujours « cabinet », une réunion de ministres, sans penser à mal. Mais pourquoi voudrait-on que le roi s'isole pour ce qu'il appelle « ses affaires » ? Pourquoi se cacherait-il, alors que tout le monde, en ce temps-là, sans fausse pudeur, s'installe sur la chaise percée en causant avec ses amis ?

La duchesse de Bourgogne fut l'une des plus aimables et des plus délicates figures de la cour, au temps du Roi-Soleil, qui l'adorait. La voici, sous la plume de Saint-Simon : « Un soir, qu'allant se mettre au lit où M. le duc de Bourgogne l'attendait, et qu'elle causait sur sa chaise percée avec Mmes de Nogaret et du Châtelet, qui me le contèrent le lendemain... »

Ce n'est donc pas le roi seul qui reçoit le public sur sa chaise percée, c'est tout le monde. On ne se cache pas, pas plus qu'on ne la cache. On y écrit, on y joue, les ministres y donnent audience, les généraux y donnent des ordres, les dames y causent. C'est tout simple.

Ainsi, une fois de plus, le Roi-Soleil fausse le jeu. Parce qu'il est roi et qu'on visite en foule son château de Versailles, il cristallise autour de sa personne une problématique qui ne se pose pas dans les termes que nous croyons. Une fois encore, le XVIIIe siècle s'intercale entre lui et nous; car c'est bien lui, le siècle des Lumières, qui, de même qu'il a inventé la salle à manger dont on se passait avant

Louis XV et le couloir qui permet d'entrer dans une chambre sans avoir besoin de traverser la précédente, c'est lui qui a inventé la nécessité de ce lieu privé que nous avons, Dieu sait pourquoi, mis au pluriel, « cabinets », avant de le traduire en anglais.

Nous avons des pudeurs que nos ancêtres n'avaient pas ; ou, plus précisément, qu'ils disposaient autrement, dans un autre ordre d'urgence. Eurydice meurt parce qu'elle ne peut accepter de soulever le bas de sa jupe pour qu'Aristée arrache le serpent qui lui mord la cheville : c'est ainsi que l'on comprenait son histoire en 1647, quand on représenta l'*Orfeo* de Luigi Rossi, commandé par Mazarin. Cent cinquante ans plus tard, Virginie, sous les yeux de Paul désespéré, meurt parce qu'au milieu de la tempête elle refuse qu'un matelot la porte dans ses bras pour la sauver. Voilà quelles étaient les pudeurs du XVIIe siècle, qui étaient encore actuelles au temps de Bernardin de Saint-Pierre, pendant la Révolution. Elles ne faisaient pas sourire, elles faisaient pleurer d'émotion. Elles nous paraissent peut-être ridicules, elles ne l'étaient pas. Nos manières de faire l'auraient peut-être été et nos larmes aussi...

Prenons donc les choses avec la même simplicité que nos anciens, et ne donnons pas à cette chaise plus d'importance qu'elle n'en avait, puisque ce serait justement pécher contre le naturel avec lequel ils en usaient : si ce n'est, une fois encore, pour nous étonner de la distance qui sépare ce que nous croyons avoir été de ce qui fut.

N'en concluons pas non plus trop vite qu'il n'y avait aucunes « commodités » dans les palais. Il y en avait, peu à vrai dire, et cela s'appelait des « privés ». On verra tout à l'heure, sous la plume de Saint-Simon, ce qu'y faisait Lauzun.

*

Le roi prend alors son « déjeuner ». Nous appelons cela « petit déjeuner » car les repas se sont, au cours du temps, décalés vers le soir. Autrefois, on déjeunait au matin, c'est-à-dire qu'on « rompait le jeûne ». Puis on dînait au milieu du jour ; et enfin on soupait. C'est dans le cours du XVIIIe siècle, et surtout à la fin, que le repas du milieu du jour s'est pris de plus en plus tard, jusqu'à devenir notre dîner. Il a bien fallu déjeuner au milieu du jour, et prendre quelque chose le matin, un « petit » déjeuner. Quant au souper, il en a été réduit à ne se prendre que dans la nuit, au retour du spectacle.

Le déjeuner du roi est plus que frugal, et tient de ce qu'était celui des paysans de nos campagnes, il n'y a pas si longtemps : du pain, du vin et du bouillon.

Il n'en est pas moins solennel, précédé de l'Essai, où l'on goûte ce que le roi va boire et manger.

La séance d'habillage va continuer.

D'abord, on rase le roi, un jour sur deux : le Valet de chambre-Barbier s'en charge.

Puis le roi ôte — lui-même ; pourquoi ? — sa robe de chambre, avec l'aide de deux valets, qui vont la tenir devant lui comme un paravent lorsqu'on lui enlèvera sa chemise de nuit — tiens, on a de ces pudeurs !...

On apporte alors la chemise. On la remet au dauphin, en son absence au duc de Bourgogne, ou à un autre des enfants de France, à défaut à un prince du sang, qui la présente au roi. Durant la jeunesse du roi, la chemise est bouffante, en très fine lingerie. Une fois endossée la chemise, il remet sa robe de chambre, et on l'aide (seulement alors) à relever son haut-de-chausses. On lui ajuste sa rhingrave, cette petite jupe très froncée qui se portera jusque vers 1675, et qui recouvre le haut-de-chausses. Le Grand maître de la Garde-Robe lui présente alors son pourpoint, très court à cette époque ; pas de veste, qui n'apparaîtra que plus tard.

Les valets de Garde-Robe apportent alors l'épée, puis le cordon bleu, que remet au roi le Grand maître de la Garde-Robe, avec la croix du Saint-Esprit.

*

Louis XIV, dans sa jeunesse, aime les vêtements luxueux, les riches tissus et les dentelles. Mais prenons garde : les tableaux, les portraits que nous pouvons voir, le montrent toujours en habit de cérémonie et faussent la réalité. Bien des témoins, à l'époque, remarquent qu'il est vêtu modestement. L'abbé Locatelli, qui le regarde à la messe, dit : « Sans la place qu'il occupait, je ne l'aurais pas reconnu au premier abord, car le prince de Condé et certains ducs et pairs étaient mieux vêtus que lui », et Maucroix, qui le vit aussi à la messe, « qu'il était vêtu ce jour-là fort simplement ».

Jusqu'en 1672, donc, pas de perruque. La nécessité faisant loi, Louis XIV finira par l'adopter, mais visiblement à son corps défendant, puisque au début il ne coiffera que des perruques « à fenêtres », inventées par son Premier valet de Garde-Robe et perruquier, Quentin de La

Vienne : de petits orifices y sont ménagés, par lesquels quelques boucles naturelles peuvent apparaître et se mêler aux faux cheveux.

Le roi est prêt.

Les prélats et prêtres présents au Lever s'agenouillent. Le roi s'agenouille lui-même sur deux « carreaux » ; on lui tend le bénitier, il se signe et dit à nouveau sa prière. Le Grand aumônier murmure l'oraison *Quaesumus, Omnipotens Deus, ut famulus tuus Ludovicus, Rex noster...*

C'est le moment des ordres. Le roi organise la journée. Les huissiers partent prévenir les ministres. Le Grand veneur prend des ordres pour la chasse du jour ou celle du lendemain. On prévient le Surintendant de la Musique. Le roi décide s'il dînera et soupera en « grand couvert » ou en « petit couvert ».

Le tout aura duré deux heures.

XIII

Tout cela est bien établi, confirmé par maints écrits qui laissent entendre que ce cérémonial est d'une absolue rigueur.

Mais si vraiment le roi apparaît en public à son Lever, de huit heures jusqu'à dix, comment expliquer qu'un aimable touriste italien, curieux de tout et en particulier de ce qui se passe à la cour, rencontre le roi dans les jardins de Saint-Germain-en-Laye au lever du jour? Le roi se promène-t-il à l'aube en compagnie de Mlle de La Vallière, revient-il se coucher pour se lever en cérémonie? On le dirait bien...

Pour saisir sur le vif certains moments de la vie du roi, rien ne vaut le regard des visiteurs étrangers. Certains sont des professionnels de la politique ou de la diplomatie, comme Primi Visconti, ou bien Ézéchiel Spanheim; d'autres sont ce que nous appellerions aujourd'hui des touristes. Pour notre bonheur, ils ont écrit des souvenirs, un journal, ou des lettres. Ils ont pour nous l'avantage de regarder les choses de l'extérieur. Ils n'ont pas les préjugés d'un Français. Ils ont, même lorsqu'ils sont rusés et futés comme le très vénitien Visconti, une sorte de candeur. Et lorsqu'ils sont naïfs, la main sur le cœur, prêts à s'étonner, heureux de s'émerveiller, comme le brave abbé Locatelli, nous découvrons avec la même surprise qu'eux de petits événements quotidiens qu'ils n'ont pas même l'idée de maquiller ou de fausser par parti pris, comme fait Saint-Simon à cause de ses préjugés ou la princesse Palatine à cause de ses humeurs. Il faut donc faire appel à eux le plus souvent possible, et nous allons commencer par cette rencontre de Locatelli avec Mlle de La Vallière et le roi, au petit matin, aussi surpris les uns que les autres de se trouver nez à nez dans les jardins de Saint-Germain-en-Laye.

La scène se passe probablement entre le 21 et le 29 avril 1665, car on sait que le 20 avril le roi descendit la Seine, du Louvre à Saint-Germain, « sur une petite galère très galamment ajustée, conduite par plus de soixante rameurs, aussi fort lestement vêtus », et qu'il en repartit le 30.

« Ce que je trouve de plus beau est le jardin. Nous demandâmes au concierge, M. de Queri, à le voir ; mais comme le roi s'y trouvait, il répondit qu'il ne savait comment faire pour nous le montrer, si nous n'avions le courage de revenir chez lui au point du jour, avant que personne de la cour ne fût éveillé. Il fut entendu avec lui que nous viendrions à cette heure.

« Étant logés au château, nous arrivâmes le lendemain plus tôt même qu'il n'aurait voulu, car il dut se lever pour nous introduire. Je parlerai des choses principales, et laisserai à l'imagination du lecteur le soin de se faire, d'après le peu que je dirai, une idée digne de ce jardin, le plus

beau et le plus délicieux de tous ceux de ce genre apparte-
nant à Sa Majesté. »

Profitons-en un instant pour suivre l'abbé Locatelli et
visiter en touriste (comme lui) les fameuses grottes du parc
de Saint-Germain aujourd'hui disparues. L'abbé, qui
s'émerveille, a pu être étonné par la virtuosité de ces
constructions : pas par leur style, ni par leur manière.
Elles témoignent, et c'est bien la raison pour laquelle il
faut en faire le tour, d'un baroquisme fantaisiste une fois
de plus à cent lieues de la manière dont nous imaginons le
décor royal. D'ailleurs leur auteur était italien : Francini,
le premier de cette dynastie fixée en France, qui décore
palais et opéras de Lully, avant que l'un d'eux ne
devienne le gendre du musicien. Voici donc les marion-
nettes et les automates, grandeur nature, animés et sonori-
sés, dont on raffolait dans les premières années du
Roi-Soleil. On les trouvait à Tivoli, on les retrouvera dans
la grotte de Thétis, à Versailles. Grottes, rocailles, jets
d'eau et automates musicaux, c'est tout le goût baroque
du jeune Louis XIV.

« À un bon demi-mille du palais se trouvent cinq
grottes souterraines renfermant diverses figures mises en
mouvement par l'eau, et des oiseaux artificiels que le vent
fait chanter. Dans la première grotte, Orphée, en jouant
de la lyre (mais toujours sur la même corde), fait sortir des
animaux sauvages de toute espèce qui s'arrêtent autour de
lui en poussant chacun son cri particulier. Les arbres, dont
les rameaux forment comme un dais au-dessus de ces
figures merveilleuses, s'inclinent en passant devant le
Dieu, puis vient le roi tenant le dauphin par la main, et

tous les personnages s'inclinent devant Sa Majesté. Dans la seconde, une bergère chante par un fort bel artifice, en s'accompagnant de divers instruments, pendant que de nombreux oiseaux font entendre leur ramage accoutumé ; un rossignol de bois s'envole ensuite sur un arbre, et chante en battant des ailes et en ouvrant le bec si gracieusement qu'on le dirait vivant. Dans la troisième, on voit Persée frapper un monstre marin de son épée et délivrer Andromède ; les Tritons soufflent à grand bruit dans leurs conques, placent les amants sur deux chevaux marins et les emmènent. Dans la dernière, un dragon vomit des torrents d'eau en agitant la tête et les ailes ; Vulcain et Vénus se promènent sur cette eau dans une coquille argentée. Derrière cette grotte, il y en a une autre si fraîche en été qu'on y gèlerait, je crois, si on y restait une heure entière ; nous nous y arrêtâmes le temps d'un *Miserere* sans pouvoir supporter la rigueur du froid. Après nous avoir montré les grottes, et fait marcher devant nous toutes ces merveilles à l'aide de clés et de manœuvres secrètes, le valet du jardinier nous quitta. Le seigneur Charles, bien qu'étant de la cour, lui donna un franc. »

Et tout à coup, voici la surprise...

« En revenant par des galeries couvertes de verdure au moment où le soleil se levait, nous trouvâmes sous une tonnelle de laurier Mlle de La Vallière, la plus spirituelle de toutes les dames de Paris et devenue, grâce à son esprit, la favorite du roi. Elle était en compagnie de quelques demoiselles et de cavaliers, occupés à se coiffer. À notre vue, elle resta aussi étonnée que nous, car elle croyait n'être surprise par personne, et attendait son roi, qui n'était pas loin. En nous apercevant, Sa Majesté qui se trouvait avec le maréchal de Gramont, nous fit de la main signe de venir. Aussitôt l'abbé, devenu plus pâle encore que moi, alla vite se jeter à ses pieds. Après avoir plié devant lui le genou suivant l'usage et baisé le bord de son bas, il se leva sur un signe de Sa Majesté, qui lui demanda comment il se trouvait là et qui était avec lui. Sa réponse entendue, le roi me fit signe de venir aussi ; je m'approchai aussitôt, et, après avoir imité mon compagnon que j'avais observé attentivement, je répondis de mon mieux en français aux questions de Sa Majesté. C'est en cette langue que je devrais rapporter notre dialogue, mais comme je ne pourrais y réussir, je l'écrirai en italien.

LE ROI : D'où êtes-vous, monsieur ?

SÉBASTIEN LOCATELLI : De Bologne, pour servir Votre Majesté.

LE ROI : Vous êtes d'un méchant pays.

SÉBASTIEN LOCATELLI : Comment ? Bologne n'est donc pas la mère des études, le palais des religieux, la patrie de nombreux saints, parmi lesquels on adorait le corps incorruptible de sainte Catherine (à ce nom, Sa Majesté ôta son chapeau), aux pieds de laquelle Catherine de Médicis, reine de France, déposa la couronne et le sceptre de son royaume ?

LE ROI : C'est une chose difficile que vous entreprenez en voulant défendre un pays où les hommes sont les bouchers des autres hommes. »

À cette époque, les habitants de Bologne passaient (en Italie et ailleurs) pour des brutaux et des cruels. C'est d'ailleurs comme cela qu'on les représentait alors au théâtre... Louis XIV, ne l'oublions pas, était fervent amateur de *commedia dell'arte.* Mais le pauvre abbé est honteux de cette réputation :

« À ces mots, je restai muet et le visage couvert de rougeur. Le roi nous tourna le dos en riant gracieusement. Ainsi congédiés, nous allâmes à la petite porte par laquelle nous étions entrés. Le concierge pensa mourir de chagrin en apprenant notre aventure. Il lui était expressément défendu de laisser entrer personne, afin que la reine ne se doutât pas de la présence de sa rivale qui logeait chez lui : aussi craignait-il une punition sévère ; mais le roi ne dit rien, à notre connaissance du moins. »

XIV

10 heures du matin

Le roi passe à ses affaires, c'est-à-dire celles du royaume. Il ne lui est pas pour cela nécessaire d'aller bien loin. Au Louvre ou à Saint-Germain, le conseil se tient dans le cabinet voisin ou même dans sa chambre. On apporte pour cela la table et les tabourets nécessaires, le roi ayant son fauteuil. S'il a « pris médecine » ou bien s'il est malade, le roi préside de son lit.

Sans doute avez-vous noté qu'aucun ministre n'était présent au Lever. C'est qu'ils ne sont, par leur fonction, par leur titre, par leur nom, que les descendants de très subalternes *secrétaires* : ils sont *secrétaires d'État*, rien de plus.

Encore une fois — ce n'est pas la dernière —, on mesure à quel point le mode de fonctionnement naturel de la monarchie est la règle non écrite, la loi implicite, ce qu'on appelle alors « l'usage ». Lentement, la royauté va évoluer vers le droit écrit, la loi écrite, évolution qui se poursuivra, au-delà de la Révolution et des républiques, jusqu'à nos jours. Le droit n'existe pour nous que s'il est écrit, voté, enregistré, publié, et c'est tout juste si nous connaissons encore une jurisprudence sur l'interprétation de la loi écrite par ce qu'on appelle un « précédent ». La vieille royauté fonctionnait à l'inverse, et transmettait d'âge en âge des habitudes, des coutumes, des manières d'être, qui avaient force de loi. Au XVIIe siècle, on se trouve au point de rencontre de ces deux conceptions du droit. Une règle, ce qu'on appelle un « usage », peut encore se transmettre sans être écrite, un titre se transmettre de père en fils sans contrat ni pièce justificative. Si les juges, avocats, notaires et autres gens de loi sont si fréquents au théâtre et si on les moque si fort dans la comédie, c'est bien parce qu'on est en train de changer d'époque : le juridisme est en train de naître.

Mais la tradition est pour un moment encore aussi forte que la loi. C'est pourquoi *secrétaire*, fût-il d'*État*, n'est pas un titre. Un secrétaire est un secrétaire. Si c'est un bon secrétaire, on le fera comte, et alors il entrera dans un autre circuit — encore M. de Saint-Simon sera-t-il là pour contester son ancienneté et lui refuser sa fille. Un secrétaire, même d'État, n'a pas de fonction dans la vie privée du roi, tandis qu'un Valet de chambre en a une ; ainsi, Molière a sa place au Lever du roi, et Louvois non.

Un huissier, il y a un moment déjà, après la prière, est allé avertir les ministres que le conseil allait se tenir. Mesurons, s'il vous plaît, la portée de cet ordre qui vient d'être donné. Il signifie que s'il ne l'avait pas été, il n'y aurait pas de conseil. Trois ministres y assistent, plus le secrétaire d'État aux Affaires étrangères ; mais ils n'y assisteraient pas si l'huissier n'était pas allé les « appeler ». Le 18 novembre 1679, l'huissier n'« appela » pas le marquis de Pomponne, secrétaire d'État aux Affaires étrangères. Il n'assista donc pas au conseil ce jour-là, et apprit ensuite, par Colbert, que le roi lui demandait sa démission : il avait mis deux jours à transmettre à Louis XIV une dépêche, dont le roi connaissait le contenu depuis le premier soir par ses renseignements particuliers...

Ainsi, aucune charge n'était irrévocable, rien n'était automatique dans l'organisation quotidienne des affaires de l'État. Même si, en fait, le conseil avait bien lieu chaque dimanche, chaque mercredi, parfois le jeudi et le lundi, même si les offices demeuraient année après année entre les mains des mêmes personnages, tout restait toujours en suspens. Louis XIV a écrit dans ses *Mémoires*, qu'on lit trop peu :

« Et pour vous découvrir toute ma pensée, je crus qu'il n'était pas de mon intérêt de chercher des hommes d'une qualité plus éminente, parce qu'ayant besoin sur toute chose d'établir ma propre réputation, il était important que le public connût par le rang de ceux dont je me servais, que je n'étais pas en dessein de partager avec eux mon autorité et qu'eux mêmes, sachant ce qu'ils étaient ne connussent pas de plus hautes espérances que celles que je voudrais donner. »

Cette sorte de précarité, ce caractère aléatoire de toute fonction, c'est le fondement du pouvoir selon le Roi-Soleil, on verra plus tard pourquoi. L'apparente régularité et la constance dans les attributions peuvent nous faire croire le contraire. Il n'en est rien, et cela, depuis le premier jour exactement.

C'est pourquoi il faut toujours revenir à ce fameux premier conseil, celui du 9 mars 1661, lorsque eut lieu ce que Rossellini a appelé la « prise du pouvoir par Louis XIV ».

*

Henri Loménie de Brienne, qui était alors secrétaire d'État aux Affaires étrangères, et qui était présent au conseil ce matin-là, l'a raconté dans ses *Mémoires*.

Mazarin était mort à deux heures du matin. Quelques heures plus tard, le jeune roi (il avait vingt-trois ans) réunit dans la chambre de la reine mère les ducs, les princes et les ministres « pour leur faire entendre de sa propre bouche qu'il avait pris la résolution de commander lui-même son État, sans s'en reposer que sur ses propres soins ». Brienne ajoute : « Ce furent ses termes », et termine par la phrase qui va en effet résumer toute la conception, entièrement neuve, que Louis XIV se fait de son pouvoir : « Et les congédia bien honnêtement, en leur disant que, quand il aurait besoin de leurs bons avis, il les ferait appeler. »

On n'est pas plus clair. Aucun ministre désormais ne serait présent au conseil s'il n'avait été appelé. Ni la reine mère, ni le chancelier, ni les princes, ni les ducs, ni Condé, ni Conti, qui en étaient par tradition. Ni d'ailleurs Loménie de Brienne lui-même, qui sera disgracié deux ans plus tard. Tous les contemporains et d'abord les intéressés ont ressenti, incrédules ou effondrés, cette prise en main. Leur stupeur a été magnifiquement résumée par Mme de La Fayette : « Il ne pouvait tomber dans leur imagination qu'un homme pût être si dissemblable à lui-même et qu'ayant toujours laissé l'autorité de roi entre les mains de son premier ministre il voulût reprendre à la fois l'autorité de roi et les fonctions de premier ministre. » Mais nous pouvons aujourd'hui lire les *Mémoires* du roi, et y retrouver cette impression d'autorité et de force massive : «Je commençai à jeter les yeux sur les diverses parties de l'État, et non pas des yeux indifférents, mais des yeux de maître, sensiblement touché de n'en voir pas une qui ne m'invitât et ne me pressât d'y porter la main. »

Et la suite, qui est superbe :

«Je me sentis comme élever l'esprit et le courage, je me trouvai tout autre, je découvris en moi ce que je n'y connaissais pas, et je me reprochai avec joie de l'avoir trop longtemps ignoré. Cette première timidité qu'un peu de jugement donne toujours, et qui d'abord me faisait peine, surtout quand il fallait parler quelque temps en public, se dissipa en moins de rien. Il me sembla seulement alors que j'étais roi, et né pour l'être. »

Et né pour l'être... C'est beaucoup plus beau que « L'État, c'est moi » qu'il n'a pas dit. On repasse dans son esprit cette phrase, on se la répète, on la remue, et on l'admire davantage chaque fois. « Il me sembla alors que j'étais roi, et né pour l'être. » Il y a une espèce de jubilation, un peu adolescente encore, comme un rayon de soleil qui vous tape dans l'œil quand un miroir vous en renvoie l'éclat; avec en plus cette illumination soudaine : le soleil, c'est moi. *Nec pluribus.*

Mais cette illumination solaire fait suite à une longue gestation. Il y a d'abord la timidité. Oui, Louis XIV était un timide — mais on sait bien qu'il n'est rien de plus glacé et de plus intimidant qu'un timide qui prend sur lui. Et puis ce mélange d'orgueil et d'humilité — presque émouvant parce qu'on n'imagine pas le Roi-Soleil parlant si simplement de lui-même : « je me reprochai avec joie », quel beau raccourci! —, cet autoportrait de Louis XIV embarrassé de prendre la parole en public, débouchant sur ce qu'on appelait au XVIIe siècle l'« enthousiasme » (ravissement divin, inspiration venue des dieux), comme une révélation : *roi, et né pour l'être.*

« Tous les yeux sont attachés sur lui seul : c'est à lui seul que s'adressent tous les vœux; lui seul reçoit tous les respects, lui seul est l'objet de toutes les espérances; on ne poursuit, on n'attend, on ne fait rien que par lui seul. On regarde ses bonnes grâces comme la seule source de tous les biens; on ne croit s'élever qu'à mesure qu'on s'approche de sa personne ou de son estime : tout le reste est stérile. »

Telle est la définition de la fonction royale dans les *Mémoires* de Louis XIV, ou plus exactement dans un texte préparatoire aux *Mémoires.* Ce texte péremptoire a quelque chose de presque gênant, après celui qu'on vient de lire. Il nous touchait; maintenant il nous indispose. Trop, c'est trop. Mais on peut se demander si ces deux manières d'être ne sont pas deux faces du même personnage, et si le royal Janus n'est pas ici, justement, tout entier. L'un, que La Vallière a pu aimer, et qui sans doute a pu lui aussi l'aimer; l'autre, qui préside le conseil, qui impose sa volonté à tout moment et à toute personne, cette sorte de monolithe égocentrique et sans faille.

Mais la manière louis-quatorzienne de gouverner se manifeste encore d'une autre manière, dans cette fameuse journée du 9 mars 1661, et dans ce si bref conseil. On y voit apparaître d'emblée les deux ressorts, les deux outils, les deux stratégies de Louis XIV : le secret et le coup de théâtre.

Il y a des princes secrets. Rien ne filtre de ce qu'ils savent ou de ce qu'ils veulent. Chez certains, peut-être chez tous, c'est la marque d'une secrète faiblesse, d'une timidité, d'une crainte. Ainsi fut Napoléon III. C'est probablement chez tous la marque, et le résultat, d'une grande souffrance. On n'a pas tort de souligner le traumatisme que fut la Fronde. Louis XIV y a tout appris ; et l'étonnant, c'est la rigueur, la logique de la leçon qu'il en tire. « On peut lui confier sans la moindre crainte qu'on sache jamais ce qu'on lui dit à l'oreille » écrit Visconti.

Le goût du secret, Louis XIV l'a eu, semble-t-il, très tôt. Le premier exemple qu'on en ait mérite d'être médité, tant il montre, jusque dans le détail, la stratégie du secret. Ce fut l'arrestation du cardinal de Retz, le 19 décembre 1652, à la fin de la Fronde. Le roi avait quatorze ans. Juste un an auparavant le Parlement l'avait déclaré majeur ; il n'était pas même encore sacré. Il faut lire le récit du père Paulin, son confesseur : « J'étais présent, lorsque le roi en donna le commandement en présence même dudit seigneur cardinal. J'étais auprès dudit seigneur cardinal, je lui faisais admirer la bonté du roi et sa grandeur... »

En effet, le roi venait de pardonner publiquement à plusieurs frondeurs. On note bien que tout se passe en public, que l'intéressé qui va dans un instant être arrêté, est en face du roi, et il ne se doute de rien, pas plus que, quelques années plus tard, Fouquet. Le cardinal de Retz, qui se croyait retors, fait l'aimable, sourit et fait sa cour au jeune petit benêt, sans comprendre que chaque mot qu'il dit l'enfonce un peu plus.

Le bon père continue : « Je me conjouissais de plus de ce qu'il faisait si bien sa cour. Le roi s'approcha de tous deux et nous parla de comédie qu'il avait en tête, en parla tout haut à M. de Villequier... »

Ce M. de Villequier, c'est le futur duc d'Aumont, que le roi venait de faire maréchal. Ce que le père Paulin appelle « comédie », c'est en fait le célèbre *Ballet de la nuit*, que l'on répétait, et qui allait être dansé deux mois plus tard. Villequier y dansait aux côtés du roi et de Lully. Admirons comment ce ballet, dénommé « comédie », va intervenir dans cette autre comédie que joue le roi, et comment se mêlent en Villequier le Capitaine des gardes du Corps (c'est son sous-titre, c'est sa fonction) et l'homme privé : « ... puis, comme en riant s'approcha de son oreille (ce fut le moment de son commandement), s'en retira tout aussitôt, et comme s'il l'eût entretenu de comédie : "Surtout, lui dit-il tout haut, qu'il n'y ait personne sur le théâtre !" Cela dit, j'ai prié le roi d'aller à la messe, qu'il était midi. Il y alla de ce pas. Sur le milieu de la messe, M. de Villequier lui vint rendre compte tout bas à l'oreille, et comme j'étais seul ce jour-là auprès du roi, il se tourna vers moi et me dit : "C'est que j'arrête le cardinal de Retz". »

Le secret ne se sépare pas du coup de théâtre. Ce sont les deux faces d'un même acte. Ce qu'au théâtre on appelle « coup » ne peut avoir lieu que dans la surprise.

Tout l'effet lui vient de la candeur des interlocuteurs, pris au piège. Plus ils sont rusés, plus ils sont retors, plus ils ont d'expérience et de vieille pratique, plus le coup est beau s'ils se sont laissé manœuvrer. Ainsi doit-il être précédé d'un calme plat, qui endort. La vie continue, rien à l'horizon. Faites votre cour, monsieur le cardinal, et voyez comme le roi est bon : il pardonne. Pas un mot ne doit laisser penser qu'il fait grâce à tous, sauf à vous. Voyez : je parle comédie à monsieur le Capitaine des gardes, et vous êtes si naïf, le petit roi est si sûr de lui, qu'il en rajoute en disant tout haut : « Surtout, qu'il n'y ait personne sur le théâtre ! » parce que vous ne pouvez pas comprendre que le « théâtre » dont il s'agit, c'est celui « des opérations » et que ces opérations, ce sont celles qui vont nous conduire à la Bastille. Vous souvenez-vous seulement, monsieur le coadjuteur, que vous avez vous-même fait bloquer, dans la nuit du 9 au 10 février, les portes du Palais royal pour que le roi et la reine mère soient vos prisonniers ? Est-ce qu'on pardonne de telles actions ? Vous êtes bien naïf, monsieur le cardinal si vous le croyez. Mais vous le croyez puisque vous croyez aussi que le roi de quatorze ans, en face de vous, n'a d'autre souci que d'un ballet qu'il va danser, et d'autre ordre à donner à son capitaine des gardes que de veiller à ce qu'il n'y ait « personne sur le théâtre ».

Dix ans plus tard, prenant le pouvoir en ses propres mains quelques heures après la mort de Mazarin, Louis XIV est semblable à lui-même. Il a continué à danser des ballets, et, dans le silence, il a mûri d'étranges projets, comme il ne s'en est jamais vu. Ne pas prendre de Premier ministre : il a trop souffert de l'omnipotent

Mazarin, dans l'ombre duquel il s'est tenu dix ans. « Rien n'étant plus indigne que de voir d'un côté toutes les fonctions, et de l'autre le seul titre de roi », il l'écrira dans ses *Mémoires*. Écarter du pouvoir tous ceux, ils l'ont prouvé pendant la Fronde, qui par leur rang pourraient avoir quelque autorité : princes, ducs, grands officiers de la couronne. Les occuper d'autre chose : pendant que Saint-Simon sera tout absorbé à des questions de rang et d'étiquette, il ne fera pas de politique ; et quand il lui sera donné, après la mort du roi, de s'occuper de politique, il sera bien trop accaparé par des questions d'étiquette pour avoir quelque efficacité que ce soit. Tenir les ministres dans une insécurité perpétuelle sur leur sort : que rien ne leur soit acquis, pas même la certitude qu'ils auront encore le moindre pouvoir demain. À cette condition, on peut leur faire confiance.

*

J'ai écrit, jusqu'à présent « le conseil ». Il y en avait, pour être précis, de diverses sortes. Celui dont je parlais, qui a lieu le dimanche et le lundi, parfois le mercredi et le jeudi, est le conseil d'État, que l'on nomme aussi conseil d'En-Haut, puisqu'il se tient au premier étage, où sont toujours les appartements du roi, dans quelque château qu'on se trouve. Le conseil des finances, le conseil des dépêches, le conseil des parties se répartissent les autres jours de la semaine.

Le plus important est bien entendu le conseil d'En-haut. Il se tient comme nous avons vu, dans la chambre du roi, et l'on apporte alors une table et des tabourets ;

ou bien dans le cabinet attenant. Au conseil des dépêches, à celui-là seulement, tandis que le roi est assis, les ministres restent debout.

Comment se déroulent les conseils? Qu'y dit-on? Nous ne le savons que de manière très détournée et fragmentaire. La vie privée de Louis XIV, celle de ses amours, n'a guère laissé de traces directes, nous le verrons : pas une lettre, pas un billet du roi à La Vallière, ou de La Vallière au roi. Pas un mot à Marie Mancini, qui écrit pourtant dans ses *Mémoires* que le roi lui écrivait plusieurs fois le jour. Tout a été détruit. Mme de Maintenon elle-même a brûlé sa correspondance avec le roi. Mais pour ce qui est de la vie officielle, celle où le roi commande et ordonne et qui occupe une si grande part de son temps, on n'a pas davantage de traces écrites, contrairement à ce qu'on pourrait croire. Ce qui reste, ce sont des lettres officielles, à ses « frères » le roi d'Angleterre ou le roi d'Espagne, à son « cousin » prince, ou bien des lettres patentes, des édits royaux, des ordonnances, c'est-à-dire la traduction en langue officielle, convenue et gourmée, de ce qui s'est dit et décidé. Pas de notes, pas de comptes rendus, pas de minutes. Quelquefois, au sortir des conseils, des bruits de conversation. C'est tout.

On devine pourtant que les choses n'étaient pas toujours faciles, surtout du temps de Louvois, qui avait un caractère emporté. On devine des heurts, des désaccords. On voit Le Tellier obligé d'intervenir — « Comment, messieurs, vous perdez le respect que vous devez au roi en vous querellant en sa présence ». Selon l'abbé de Choisy, Louvois aurait un jour confessé : « Nous avons eu [le roi et lui] cent fois des disputes fort aigres. Je sortais du cabinet et le laissais fort en colère; et le lendemain, quand il fallait travailler, il reprenait un air gracieux. » Lors d'une de ces disputes, Louis XIV se serait emparé des pincettes de la cheminée et en aurait menacé son ministre...

XV

Pour savoir ce que pouvait être un conseil, comme on le voyait de la cour, au jour le jour, de l'extérieur, le mieux est encore d'en suivre une péripétie dont le déroulement nous montrera les personnages en action.

Bien entendu, le narrateur sera Saint-Simon. Il voit tout, en particulier ce qu'il n'aime pas, et sa plume acérée ne manque jamais d'écorcher quelqu'un. Or nous savons bien qu'il déteste la conception que Louis XIV se fait du pouvoir, puisque les grands du royaume en sont tenus écartés. Mais pour qu'une scène vaille d'être racontée, il faut qu'un incident en ait dérangé le cours tranquille et ordinaire. En voici une, dérangée par ce petit personnage impossible à maîtriser, même par le roi, le beau-frère de Saint-Simon, l'insupportable Lauzun, qui a le génie de semer le désordre partout où il passe : « Un petit homme blondasse, méchant et malin par nature, encore plus par jalousie que par ambition, toutefois bon ami quand il l'était, ce qui est rare. » Voilà Lauzun, expédié par Saint-Simon, en toute amitié ; et pour que sa propre acidité ne puisse être mise en cause, il ajoute : « courtisan, également [ce qui veut dire "sans cesse"] insolent, moqueur et bas jusqu'au valetage et plein de recherches d'industrie, d'intrigues, de bassesse pour arriver à ses fins, avec cela dangereux aux ministres, à la cour redouté de tous, et plein de traits cruels et pleins de sel qui n'épargnaient personne... ». À vipère, vipère et demie.

La scène se passe en 1669. Lauzun, qui portait alors le titre de marquis de Puyguilhem (on l'appelait à la cour Péguilin), était fort bien vu du roi, et aussi de Mme de Montespan. Il avait la charge de colonel général des dragons, que Louis XIV avait créée spécialement pour lui, mais il visait plus haut (par jalousie ? ou par ambition ?...). Or voici qu'il apprit, avant tout le monde et de la bouche même du roi, que le duc de Mazarin, Grand Maître de l'artillerie, « était las de la cour et voulait se défaire de sa charge ». Le sang de Péguilin ne fit qu'un tour. Mais le comte de Saint-Paul, fils de Mme de Longueville, convoitait la place. Raison de plus (jalousie, donc...). Grand Maître de l'artillerie, c'était couronner sa carrière de soldat (ambition...) et lui donner un tel poids que Louvois, secrétaire d'État à la Guerre, serait bien obligé de compter avec lui (jalousie...). Faire de tels calculs et demander la place au roi, c'était tout un. Louis XIV hésita. Il craignait, justement, l'opposition de Louvois, qui avait toutes les raisons de redouter le désordre, le tapage, les querelles et le gâchis que Lauzun ne manquerait pas d'apporter dans son ministère. Le roi voulait se réserver le temps de le sonder et d'amener la chose en douceur. Il promit donc la charge, mais demanda le secret pour quelques jours. Toujours le secret, premier réflexe de Louis XIV...

« Le jour venu que le roi lui avait dit qu'il se déclare-rait, Puyguilhem qui avait les entrées des premiers gen-tilshommes de la chambre, qu'on nomme aussi les Grandes Entrées, alla attendre la sortie du roi du conseil des finances dans une pièce où personne n'entrait pendant le conseil, entre celle où toute la cour attendait et celle où le conseil se tenait. »

Nous sommes donc dans l'antichambre intérieure, à Saint-Germain-en-Laye, entre la salle des gardes et la chambre du roi. Comme d'habitude, cette antichambre est à ce moment déserte, à l'exception d'une personne, que sa fonction place précisément là, en attente : M. de Nyert, que nous avons déjà rencontré au Lever.

« Il y trouva Nyert, Premier valet de chambre en quar-tier qui lui demanda par quel hasard il venait. Puygui-lhem, sûr de son affaire, crut se dévouer ce Premier valet de chambre en lui faisant confidence de ce qui allait se déclarer en sa faveur ; Nyert en témoigna sa joie... »

Ce que Lauzun semblait ignorer, c'est que Nyert était l'une des oreilles de Louvois. Pas de chance... Mais on n'est pas Valet de chambre du roi sans un certain usage de la cour et des bonnes manières. Le voici donc qui se répand en compliments et en félicitations pour la nomina-tion qui est peut-être en train de se discuter et que le roi va rendre publique dans un instant. Brusquement, il tire sa montre et se rappelle qu'il a oublié un ordre urgent du roi et qu'il a juste assez de temps pour l'exécuter avant la sortie du conseil :

« [...] quelque chose de court et de pressé que le roi lui avait ordonné : il monte quatre à quatre un petit degré au haut duquel était le bureau où Louvois travaillait toute la journée, car à Saint-Germain les logements étaient fort petits et fort rares, et les ministres et presque toute la cour logeaient chacun chez soi, à la ville. Nyert entre dans le bureau de Louvois, et l'avertit qu'au sortir du conseil des finances, dont Louvois n'était point, Puyguilhem allait être déclaré Grand Maître de l'artillerie et lui conte ce qu'il venait d'apprendre de lui-même et où il l'avait laissé.

« Louvois haïssait Puyguilhem, ami de Colbert, son émule, et il craignait fort la faveur et les hauteurs dans une charge qui avait tant de rapports nécessaires avec son département de la Guerre, et de laquelle il envahissait les fonctions et l'autorité tant qu'il pouvait, ce qu'il sentait que Puyguilhem ne serait ni d'humeur ni de faveur à souffrir. Il embrasse Nyert, le remercie, le renvoie au plus vite, prend quelques papiers pour lui servir d'introduction, descend, et trouve Puyguilhem et Nyert dans cette pièce ci-devant dite. Nyert fait le surpris de voir arriver Louvois, et lui dit que le conseil n'est pas levé. "N'importe, répondit Louvois, je veux entrer; j'ai quelque chose de pressé à dire au roi", et tout de suite entre; le roi surpris de le voir lui demande ce qui l'amène, se lève et va à lui. Louvois le tire dans l'embrasure d'une fenêtre, et lui dit qu'il sait qu'il va déclarer Puyguilhem Grand Maître de l'artillerie, qu'il l'attend à la sortie du conseil dans la pièce voisine, que Sa Majesté est pleinement maîtresse de ses grâces et de ses choix, mais qu'il a cru de son service de lui représenter... », etc.

Louvois plaide, démontre au roi les inconvénients de la nomination d'un homme aux humeurs incontrôlables, énumère les difficultés qui ne manqueront pas d'en naître. Et c'est alors qu'en une phrase Saint-Simon nous dévoile la réaction du roi. Il a bien écouté les raisonnements que son ministre lui murmure à l'oreille dans l'embrasure de la fenêtre, mais l'essentiel n'est pas là. La faute de Lauzun est ailleurs : « Le roi se sentit extrêmement piqué de voir le secret su de celui à qui principalement il le voulait cacher ; répond à Louvois d'un air fort sérieux que cela n'est pas fait encore, le congédie et va se rasseoir au conseil. »

Sa charge de Grand Maître de l'artillerie, Lauzun, Puyguilhem, Péguilin, comme on voudra, l'aurait peut-être obtenue. Certainement même, puisque le roi la lui avait promise. Louis XIV avait parfaitement compris qu'il rencontrerait l'opposition de Louvois et il avait vu juste. Mais que fait le Roi-Soleil lorsqu'il rencontre, ou pense qu'il va rencontrer une opposition ? Il ne tergiverse pas, comme certains feraient ; il ne renonce pas, comme d'autres ; il ne brusque pas non plus. Louis XIV est un timide, je l'ai dit ; mais c'est un timide orgueilleux. Le conflit intérieur, incessant, entre sa timidité et son orgueil engendre une élaboration lente et progressive de l'expression de sa volonté. Elle se fait en plusieurs étapes, le temps pour la lutte intérieure de se livrer et de se résoudre. Cela se traduit par le silence, d'abord, et par la violence dans l'application de sa volonté, ensuite. Mais, entre les deux, il y a cette gestation lente, durant laquelle une seule condition est nécessaire : le secret. Seul le secret permet d'attendre le moment où sa décision s'imposera, où il aura pu créer les conditions pour qu'elle le fasse. Mais cette décision que par-devers lui il a déjà prise, et qui, dans son esprit, est irrévocable, nul ne doit la connaître. Lauzun s'est perdu lui-même en méconnaissant l'arme essentielle du pouvoir selon Louis XIV, qui d'ailleurs va sortir du conseil et passer devant lui sans lui adresser un mot.

« Un moment après qu'il fut levé, le roi sort pour aller à la messe, voit Puyguilhem et passe sans lui rien dire. Puyguilhem fort étonné attend le reste de la journée et, voyant que la déclaration promise ne venait point, en parla au roi à son Petit Coucher. Le roi lui répond que cela ne se peut encore et qu'il verra... »

C'est le fameux « Je verrai » de Louis XIV...

« L'ambiguïté de la réponse et son ton sec alarment Puyguilhem... »

Quelques jours passent.

Nous allons maintenant assister au second mouvement de la stratégie instinctive du roi. Mais elle va être rendue dramatique par une nouvelle provocation de Lauzun. Après le temps de latence où règne le secret, ce second temps, c'est celui du « coup de théâtre ». Ils sont inséparables. Nous l'avons constaté déjà dans la grande mise en scène du premier conseil. Louis XIV est un homme de théâtre, un grand acteur, un génial metteur en scène. Primi Visconti, le subtil ambassadeur vénitien, l'a merveilleusement dépeint, en quelques mots, lorsqu'il nous raconte que le roi, se croyant seul, s'aperçoit qu'il y a du monde, se retourne, surpris, et prend aussitôt « l'allure d'un roi de théâtre ». Même ses coups de colère sont mis en scène. La grande scène « superbe et magnifique » est celle qui va se produire avec Lauzun, celui que le roi ne supporte plus depuis qu'il a trahi son secret.

« Puyguilhem, de son côté, était furieux de manquer l'artillerie, de sorte que le roi et lui se trouvaient dans une étrange contrainte ensemble. Cela ne put durer que quelques jours. Puyguilhem, avec ses Grandes Entrées, épia un tête-à-tête avec le roi et le saisit. Il lui parla de l'artillerie et le somma audacieusement de sa parole. Le roi lui répondit qu'il n'en était plus tenu, puisqu'il ne la lui avait donnée que sous le secret, et qu'il y avait manqué. Là-dessus Puyguilhem s'éloigne de quelques pas, tourne le dos au roi, tire son épée, en casse la lame avec son pied, et s'écrie en fureur qu'il ne servira de sa vie un prince qui lui manque si vilainement de parole. Le roi, transporté de colère, fit peut-être en ce moment la plus belle action de sa vie. Il se tourne à l'instant, ouvre la fenêtre, jette sa canne dehors, dit qu'il serait fâché d'avoir frappé un homme de qualité, et sort. »

« La plus belle action de sa vie » : j'aime bien la formule de Saint-Simon. La plus brillante, la mieux dramatisée, la « scène à faire », comme disent, justement, les gens de théâtre. Car le public est là, bien entendu, et c'est à lui qu'on parle.

Le lendemain, Lauzun, Puyguilhem, Péguilin, était conduit à la Bastille.

*

Après les personnages bien en vue, deux mots sur ceux qui travaillent dans l'ombre, et dont l'Histoire a peine à retenir le nom. Il y en a un notamment qui n'apparaît jamais, même quand il écrit, puisqu'il n'a pas d'écriture propre : c'est le faussaire officiel, Toussaint Rose, le secrétaire particulier du roi. Quand on a sous les yeux un autographe de Louis XIV, il faut les avoir bons pour être sûr que cette grande écriture anguleuse, ce monumental LOUIS tout en raideur sont bien de la main du roi. Une fois sur deux, c'est Toussaint Rose qui a écrit, et signé. Il y a cependant un moyen sûr de s'en apercevoir. Cet homme qui s'est tenu jour et nuit pendant quarante ans à proximité du roi, au Louvre, à Saint-Germain, à Versailles, en voyage, en campagne, toujours prêt à écrire, était si avare qu'on pourrait se demander si Molière n'a pas pensé à lui pour dessiner son Harpagon. Or un avare est économe en tout : en papier, en encre, en gestes, en dépense de mouvement. Il y a un instinct irrépressible qui le freine, qui le contraint à contenir, à raccourcir, à resserrer. Si donc l'écriture de Louis, et le LOUIS final, sont d'une pointure légèrement en dessous, ce n'est pas Louis qui a écrit, c'est Toussaint. Il existe même une lettre, signée LOUIS, où Pontchartrain a écrit à côté de la signature : « Il faut écrire plus gros LOUIS »...

Toussaint Rose avait droit d'entrée aux conseils royaux, et savait tout, mieux que les ministres. Il rédigeait souvent lui-même les lettres du roi et, au dire de Racine, avait un très beau style — d'ailleurs il finira à l'Académie française.

Qu'elle soit écrite par Toussaint Rose ou de la main du roi, il y a une formule qui nous étonne et même nous choque, parce que nous ne la comprenons plus : « car tel est notre bon plaisir ». Ce « plaisir », associé à un ordre, a quelque chose de futile et de dérisoire. On dirait que le roi signe une lettre de cachet en ajoutant : « C'est mon plaisir, c'est ma fantaisie, mon caprice, ma lubie. »

Le XVIIIe siècle une fois encore nous trompe. Il a trop souvent dessiné le « plaisir » en bleu et rose, sur les tableaux de Boucher. Après *Manon Lescaut*, après *Point de lendemain*, « plaisir » change de sens, s'allège, se pare de rubans bleus et prend un parfum discret d'alcôve, d'humeur folâtre et de caprice. Au xviie siècle, ce n'est pas un mot de galanterie, mais un terme de chancellerie, et fort ancien. « Tout bien considéré, cela me *plaît* ainsi » ; « J'ai choisi, et cette solution est celle qui me *plaît* ». La fonction d'un roi est de faire des choix. « Car tel est notre bon plaisir » n'est donc pas si différent de « en vertu des pouvoirs qui me sont conférés », étant bien entendu que ceux d'un roi lui viennent de Dieu. Ainsi, par un curieux détour, nous voici renvoyés au caractère sacré du pouvoir royal, tel qu'on le comprenait alors.

C'est François Ier qui usa de ce « plaisir » pour la première fois, au bas d'une ordonnance. Il ne mettait pas encore « bon », mais pouvait-il en être autrement ?

XVI

Midi

La messe du roi est l'un des moments les plus importants du rituel monarchique. Si la chambre est l'endroit
où le lien physique de la personne royale avec sa fonction
se manifeste visiblement, la chapelle est le lieu où apparaît
sa relation avec le sacré. On n'aurait rien compris à
l'essence de cette vieille royauté si on l'oubliait. Si, dans
leur chambre, les rois rendaient la justice, c'est parce que
Dieu leur en avait donné le pouvoir : les siècles n'ont rien
ôté à ce caractère religieux de la fonction royale, qui reste
entier au XVIIᵉ siècle et coexiste sans contradiction avec les
hasards quotidiens de la vie de cour. Qu'on ne s'y trompe
pas : la royauté est morte en 1793 pour mille raisons
diverses, politiques, sociales, philosophiques, morales, ou
autres ; mais la principale, celle qui fonde toutes les autres,
est qu'au siècle des Lumières on a cessé peu à peu de
croire à son essence religieuse. La profanation du corps
royal sous la lame de l'échafaud était l'indispensable étape
de cette désacralisation du pouvoir : tous les régicides le

savaient, comme le conventionnel Ruhl, qui brisa publiquement à Reims la Sainte Ampoule du sacre et ne faisait, par ce geste volontairement sacrilège, que conclure un processus depuis longtemps en marche.

La messe du roi est donc au cœur de la journée, et au cœur de la fonction. Elle a lieu à midi, après le conseil : ce n'est que plus tard, après l'installation à Versailles, qu'elle sera avancée à dix heures et le précédera. Louis XIV n'a pas failli un seul jour à cette obligation et chacun, à la cour, savait qu'il devait y être.

*

Mais si l'image que nous nous faisons de la messe du roi se dessine dans la chapelle de Versailles dont la belle architecture sobre et classique est gravée dans notre mémoire, ce sera à nouveau une fausse image. Sa construction fut en retard de trente ans sur l'installation au château de la cour et du gouvernement. C'est l'un des mystères de la mise en œuvre du palais : le lieu central et essentiel (surtout au roi devenu dévot) sera le dernier édifié. Il y en a un autre : c'est que le Louvre n'en avait pas non plus et n'en eut jamais. Si, à Saint-Germain-en-Laye, le château disposait d'une ample et belle chapelle, il n'y avait au Louvre qu'un simple oratoire, voulu par Anne d'Autriche dans sa vieillesse. La messe du roi avait lieu dans l'église qui portait le titre de « paroisse royale », c'est-à-dire Saint-Germain-l'Auxerrois. C'est bien parce que, pour s'y rendre, le roi devait sortir de son palais que tout un protocole militaire fut mis en place. Et comme dans une monarchie tout geste accompli prend figure de rituel, à Versailles où elle n'a plus d'utilité, cette parade, avec les Cent Suisses en armes, les roulements de tambours, le capitaine des gardes à la tribune derrière le fauteuil royal, se fera toujours, à travers salons et galeries.

Notre bon abbé Locatelli, qui voulait voir le roi dans sa chambre, le vit pendant la messe. Son récit vaut tous les témoignages. Sa joie éclate si sincèrement, l'espèce de petit délire qui le prend à la fin pour avoir seulement croisé son regard est si touchant qu'on le partage de bonne grâce. N'en doutons pas : cela atteste la vérité de ce sentiment quasi religieux qu'on éprouvait face au roi, et qui devait être habituel à un homme ordinaire de ce temps. Que le roi, quatre fois par an, ait pu toucher des écrouelles, se déplacer au milieu des malades par centaines en disant : « Le roi te touche, Dieu te guérisse », devient un peu plus compréhensible à nos yeux après que nous avons lu les phrases naïves où l'abbé Locatelli se peint lui-même dansant de joie en sortant de l'église.

11 novembre 1664

« La matinée s'avançait et l'heure me paraissant favorable pour voir le roi, je me rendis au palais de Sa Majesté. On appelle ce palais le Louvre, c'est-à-dire l'œuvre, parce que pour le terminer, il faudrait, je crois, travailler jusqu'à la fin du monde. Je m'y promenai en toute liberté, et, traversant les divers corps de garde, je parvins enfin à cette porte qui est ouverte dès qu'on y touche, et le plus souvent par le roi lui-même. Malheur à qui frapperait ! il suffit d'y gratter, et l'on vous introduit aussitôt. Le roi veut que tous ses sujets entrent librement, afin de pouvoir être informé, s'il le faut, d'événements très importants, tels que rébellions, trahisons, menaces de révolte et autres choses pareilles. Voyant les gardes se mettre en rang, je pensai avec raison que le roi allait sortir pour entendre la messe dans une belle église voisine, appelée Saint-Germain, qu'on abattra si l'on achève le Louvre de ce côté. Elle est desservie par une congrégation particulière de prêtres qui habitent dans l'enceinte du palais.

« Un jeune Milanais qui se trouvait avec moi me prévint à temps que le roi sortant ordinairement dans une chaise fermée de glaces, je ne pourrais guère le voir à mon aise ainsi en passant, et qu'il valait mieux me placer dans cette église et l'y attendre. Il prit ensuite congé de moi pour s'en retourner à l'hôtel de Mayence, et moi, entrant à Saint-Germain, j'allai me mettre à genoux sur le marchepied d'un autel, juste en face du prie-Dieu de Sa Majesté. Avant l'arrivée du roi, les sergents vinrent, suivant l'usage, visiter l'église entière et en faire sortir tout le monde : mais comme j'étais prêtre, étranger et nouvellement arrivé à Paris, ils me permirent de rester et de satisfaire ma curiosité. Bientôt arriva toute la cour. Les princes du sang, le frère du roi, la duchesse d'Orléans, la reine mère entrèrent d'abord. Puis vint le roi, vêtu de velours noir à grands ramages. Le Saint-Esprit placé sur son manteau comme la croix des chevaliers de Malte, une canne très courte à la main, avec un petit chapeau relevé d'un côté par une rose de diamants. Sans la place qu'il occupait, je ne l'aurais pas reconnu au premier abord, car le prince de Condé et certains ducs et pairs étaient mieux vêtus que lui. Il porte assez longs ses cheveux d'un blond foncé ; il a le front haut, les yeux d'une couleur tirant plutôt sur le bleu que sur le noir, le nez aquilin, la bouche et le menton très beaux, la figure ronde, le teint plutôt olivâtre que blanc ; il est d'une taille assez élevée, et ses épaules légèrement voûtées marquent bien cette vigueur qu'il fait paraître dans toutes ses actions. La messe fut chantée à plein chœur par les musiciens de Sa Majesté avec accompagnement d'un grand nombre de basses de viole. Le roi resta toujours debout, mais suivit l'office avec beaucoup d'attention : il se prosterna quand le prêtre s'inclina vers l'autel pour consacrer l'hostie, et il se releva aussitôt l'élévation complètement terminée. Mes yeux ayant rencontré une seule fois les siens au moment où je commençais à le regarder, je ressentis aussitôt intérieurement cette force secrète de la majesté royale, qui m'inspirait l'insatiable curiosité de le contempler. Mais, obéissant au respect mêlé de crainte dû à un roi si grand et si glorieux, je n'osai plus fixer les yeux sur lui sans m'être assuré qu'il ne pouvait me voir.

« Je rentrai à l'hôtel si content, qu'en voulant exprimer la joie dont j'étais transporté, je semblais avoir perdu la raison. Si j'avais voulu jouir souvent de ce bonheur, il me suffisait d'aller à la cour, où presque tous les jours on peut voir le roi. C'est tout le contraire de l'étiquette de l'Espagne, où les ambassadeurs mêmes obtiennent à grand-peine une audience du roi après plusieurs mois d'attente, et où c'est une chance bien rare pour un sujet que de le voir trois ou quatre fois par an. La France, Paris et Louis, il n'y a rien de tel. Pardonne-moi, lecteur, si la joie semble me faire délirer : dans mon bonheur d'avoir vu le roi et d'avoir été vu par lui, je crois avoir attiré les regards d'une divinité de l'Empyrée. »

Locatelli, en bon Italien, n'a pas été insensible aux beaux chants qu'il a entendus à la messe du roi. Ne nous étonnons pas de trouver en effet à Saint-Germain-l'Auxerrois, paroisse royale, une musique particulièrement soignée. Le maître de chapelle, François Chaperon, était grand musicien, « le plus savant de son temps », a-t-on dit à sa mort. Il dirigeait une importante maîtrise et, parmi les enfants qui chantaient, un jeune garçon, fils d'un tailleur du quartier, avait nom Michel-Richard Delalande ; un autre, fils d'un cordonnier, s'appelait Marin Marais. Ils étaient âgés de huit et neuf ans lorsque Locatelli entendit la messe du roi, et ils devaient en être...

Tel qu'on connaît Louis XIV, son goût pour la musique et surtout son habitude de s'intéresser en ce domaine à tous les détails pratiques de l'exécution, il n'y aurait rien d'étonnant à ce qu'il ait connu l'existence de ces deux enfants musiciens, l'un et l'autre reconnus dès cet âge comme des enfants prodiges. Le petit Delalande chantait déjà en solo. À partir de 1683, il prendra la tête de la musique de la chapelle de Versailles, puis de la surintendance, et cumulera presque toutes les grandes charges musicales de la cour. Il racontera lui-même les moments où Louis XIV venait le voir travailler et discutait pièce par pièce ses compositions. L'autre, Marin Marais, deviendra le grand virtuose de la viole, « ordinaire de la musique du roi », « batteur de mesure » de l'opéra, et jouera dans la chambre du roi, avec ses propres fils. Tous deux furent parmi les plus grands compositeurs de leur génération, et furent peut-être les plus grands. Tous deux aussi parmi les musiciens qui eurent, sur les vieux jours du roi, le plus de réelle intimité avec lui.

En 1709, alors que le petit chanteur est devenu l'un des grands musiciens de son temps, à cinquante-cinq ans, Marin Marais vient présenter ses fils au roi, qui en a soixante-dix. Ils lui font ensemble un petit concert en quatuor, tandis que le plus jeune range les partitions et les place sur les pupitres. « Le roi entendit ensuite ses trois fils séparément et lui dit : "Je suis bien content de vos enfants, mais vous êtes toujours Marais leur père"... »

Deux ans plus tard, lors de la terrible épidémie qui fit mourir coup sur coup le Grand Dauphin (Monseigneur), le duc de Bourgogne et toute la descendance du Roi-Soleil, à l'exception du petit Louis XV, Delalande perdit lui aussi ses deux filles, merveilleuses chanteuses, qu'il chérissait. « Vous avez perdu deux filles qui avaient bien du mérite ; moi j'ai perdu Monseigneur. » Et le chroniqueur ajoute : « Et lui montrant le ciel, le roi ajouta : "Lalande, il faut se soumettre". »

On a souvent souligné l'infidélité de Louis XIV : aux femmes, bien sûr (sauf à la dernière), aux artistes (Lully, Molière...). Quelquefois, au contraire, les années passaient et le retrouvaient, amical, paternel, délicat, touchant même.

XVII

Au retour de la messe, tandis que le roi s'achemine vers sa chambre, où aura lieu son repas, chacun peut l'aborder, lui parler, lui remettre un placet.

Pourquoi ce qui est si inaccessible à d'autres moments du jour est-il devenu possible ? C'est que lorsque le roi revient de la messe, sa dignité se trouve amplifiée d'une sorte d'aura sacrée. Il est l'*oint du Seigneur* lors de son sacre ; il touche les écrouelles certains jours de l'année. Mais chaque jour, au retour de la messe, cette qualité se trouve revivifiée, renouvelée. Il se passe donc un double mouvement : plus que jamais il est objet d'une vénération, et plus que jamais il est censé être plein de bonté, de mansuétude et de justice. Les deux aspects se retrouvent, opposés et complémentaires, alors qu'il traverse les rangs de courtisans et aussi de gens de toute sorte, qui se pressent sur son passage.

Il salue, à droite et à gauche. «Jamais, dit Saint-Simon, on ne vit homme si naturellement poli ; ni d'une politesse si fort mesurée, si fort par degrés et qui distinguât mieux l'âge, le mérite et le rang. Ces étages divers se montraient exactement dans sa manière de saluer. Aux dames, il ôtait son chapeau tout à fait, mais de plus en plus loin; aux gens titrés, à demi, et le tenait en l'air, ou à son oreille, quelques instants plus ou moins marqués. »

Savons-nous encore ce que c'est que saluer? Nous ne portons plus de chapeau. Quelques vieux messieurs, quand ils en ont un, le soulèvent encore. C'est à peine si, lorsque nous rencontrons quelqu'un, nous lui adressons un mot, un signe, mais celui-ci est destiné à sa personne, non à son statut. Nous disposons encore de quelques formules spécialisées; nous disons : « Bonjour, monsieur le maire. » Mais notre attitude, notre sourire, notre petit mouvement de tête s'adressent à lui, cet homme qui, en plus d'être lui, est maire. Notre salut ne s'adresse pas à sa fonction, mais à l'homme que nous connaissons.

Au XVIIᵉ siècle, c'est l'inverse. On salue dans un homme premièrement son rang et sa fonction, et secondairement, et seulement si on le connaît, sa personne.

Si vous êtes comte ou baron, ou même marquis, et qu'un laquais vient vous parler, vous vous levez pour l'écouter et vous ôtez votre chapeau, si ce laquais est celui d'un prince ou d'un duc. En lui répondant, vous ne vous adressez pas à un laquais, mais à sa fonction, qui est de représenter son maître : et c'est à son maître que vous répondez, à travers lui, et chapeau bas.

Ce n'est pas seulement une conception de la société, c'est une manière de concevoir l'homme. Vous êtes ce que vous êtes, beau ou laid, agréable ou rude. M. de Saint-Simon, s'il vous connaît, peut transpercer de ses flèches venimeuses votre personne physique et morale. Mais il y a en vous, au-delà de vos qualités et de vos défauts physiques et moraux, le fils d'untel, un être social qu'il doit considérer d'abord.

Or ce qui est vrai du fils d'un duc et pair l'est aussi du fils d'un vigneron ou d'un maître artisan ; de sorte que le rapport entre les hommes est à tous les niveaux gouverné par ce complexe, ce composé, cet hybride d'être social et de qualités personnelles.

Le roi est le premier qui s'y soumette.

En revenant de la messe, il est lui-même le composé d'un *oint du Seigneur* et d'un homme : celui-ci, étant à ce moment chargé de transmettre la bonté dont celui-là est supposé avoir été rempli, est donc abordable. Quand on lui demande une faveur, il ne dit pas non ; il dit : « Je verrai. » C'est le moment, d'ailleurs, d'avoir la repartie vive, comme ce vieil officier gascon qui avait perdu un bras à la guerre et demandait une pension. « Je verrai », dit le roi. « Mais, Sire, si j'avais dit à mon général "Je verrai" lorsqu'il m'a envoyé à l'occasion où j'ai perdu mon bras, je l'aurais encore et ne vous demanderais rien. » Sa pension, il l'a eue aussitôt, et la princesse Palatine, qui raconte l'histoire, n'y a pas vu de mal.

XVIII

Une heure

En comparaison du cérémonial du repas, celui du Lever va paraître tout simple et sans façon. Le dîner va mobiliser une armée : au sens propre, d'ailleurs, puisqu'un détachement des gardes va devoir accompagner la procession des différents services de plats jusqu'à la chambre du roi. Car les cuisines sont toujours situées hors du palais royal, qu'il s'agisse du Louvre (elles sont du côté de la rue de Beauvais), ou de Saint-Germain. Un autre peloton de gardes sera en faction derrière le fauteuil du roi, pendant qu'il mange. Un garde du corps sera auprès de la Nef. Ce qu'on appelait le Cadenas, en fonction de son utilité (il fermait à clef), ou la Nef, suivant sa curieuse forme de bateau, était un récipient en vermeil où l'on rangeait les serviettes, la cuiller, la fourchette, le couteau, les vases à boire, les épices et le vin destinés au roi. Depuis que l'Huissier, une demi-heure avant le moment prévu par le roi, est allé à la salle des gardes, le bâton (signe de sa fonction) à la main, et qu'il a crié : « Messieurs, au couvert du roi ! », ce n'est plus qu'un va-et-vient continuel, à travers les rues, les escaliers, les galeries et les antichambres. Je ne cherche même pas à dénombrer le peuple des cuisines, du Gobelet, de la Paneterie-Bouche, de l'Échansonnerie-Bouche, de la Fruiterie, de la Cuisine-Bouche avec ses officiers, maîtres queux, potagers, hâteurs-pâtissiers, « galopins ordinaires de la Bouche du roi » (c'est leur vrai titre) et « enfants de cuisine », qu'on appelle toujours ainsi, bien qu'ils soient adultes depuis deux ou trois siècles.

Raconter le repas du roi, énumérer les personnages en action, décrire chacun de leurs gestes demanderait un gros volume, avec des notes en bas des pages pour consigner les exceptions à la règle.

Je vais donc me contenter de raconter ce qui se passe quand le roi boit.

*

Il est assis à sa table, seul face au public, dans sa chambre si, ce matin au lever, il a ordonné le Petit Couvert, dans son antichambre s'il est au Grand Couvert. La foule est alors nombreuse devant lui, beaucoup plus qu'au Lever, puisque n'importe lequel de ses sujets peut venir le voir manger, à la seule condition d'être bien vêtu et de porter l'épée — un loueur d'épées est là pour cela, à la grille du château.

Pourquoi seul ? C'est l'usage. Il lui arrive d'inviter quelque haut personnage, légat du pape ou autre ; au Grand Couvert, il dîne ou soupe avec la reine. Manger face au public est un rituel ancien. Il était évident au temps de la promiscuité médiévale. Il est commun à tous les rois et à tous les princes de tout ce qu'on n'appelait pas encore l'Europe. Un incroyable tableau représente le pape invitant à dîner la reine Christine de Suède. Ils sont seuls, assis chacun devant une immense table chargée d'un amoncellement de victuailles, et ces deux tables sont décalées, celle de la reine en biais devant, celle du pape, plus grande, en biais derrière, de sorte que son invitée lui tourne le dos. Et face à eux, la foule.

Pourquoi en public? Vieil usage aussi. Regarder manger était une distraction pleine et entière, et probablement davantage : une cérémonie. À la Renaissance, les princes italiens, estimant leurs palais trop étroits, mangeaient les jours de fête sur la place la plus vaste, au milieu de la ville. On construisait des gradins tout autour, on louait à prix d'or un coin de fenêtre, on grimpait sur les toits, pour seulement assister au repas princier. En comparaison de ces extravagances italiennes, le dîner de Louis XIV paraît modeste et simple.

Au début du repas, le plus haut personnage présent a tendu au roi une serviette humide pour qu'il se frotte les mains : le rituel de la serviette est une prérogative essentielle, aussi importante qu'au Lever celle de la chemise.

Derrière le roi se tiennent les gardes. Le Capitaine des gardes a lui-même pris place derrière le fauteuil. Il a à sa droite le Premier médecin, et à sa gauche le « Porte-fauteuil et table-bouche » (c'est son titre). Sa fonction est d'avancer ou de reculer le fauteuil du roi quand il s'assied et se lève.

Le service est assuré par six gentilshommes, qu'il me faut énumérer. Le Gentilhomme du Prêts, qui reçoit les plats à mesure qu'ils arrivent, service après service, et les entrepose sur la table du Prêts. Le Gentilhomme échanson, que nous allons voir en action dans un instant. Le Gentilhomme de la Bouche, qui fait le va-et-vient jusqu'aux cuisines pour accompagner les services; un gentilhomme dont je ne sais pas le titre, qui transporte les plats de la table du Prêts à la table du roi, et deux autres encore, l'Écuyer tranchant et le Gentilhomme panetier, qui le servent.

Un mot sur le vocabulaire, en passant. Pourquoi « couvert »? Parce que pour venir des cuisines à la table du roi, l'espace est si long à travers les rues, les escaliers et les galeries, que chaque plat est « couvert », pour rester au moins tiède. Nous voyons cela aujourd'hui encore dans les grands restaurants. Cela ne sert plus à rien. Nous avons donc, nous aussi, des traditions qui n'ont pas plus de raison pratique que n'en avaient la plupart des gestes du rituel royal. Nous appelons « couvert » notre cuiller et notre fourchette, qui n'ont rien à voir avec un « couvert », c'est-à-dire un couvercle. Nous avons au restaurant un couvercle qui ne sert à rien, et qui n'est qu'un souvenir du transport de la « Viande » du Roi-Soleil. Et nous nous étonnerions que Louis XIV observe des usages qui datent du temps de ses ancêtres et n'ont plus d'utilité? Quant à la table du Prêts, ce n'est bien entendu rien d'autre que celle où l'on apporte les plats quand ils sont prêts — mais vous l'aviez deviné. Ce que vous n'aviez peut-être pas imaginé, c'est que ce qu'on appelle « Viande », avec un grand V, c'est tout ce qui se mange, légumes inclus : la Viande du roi, c'est son repas.

*

Voici que le roi demande à boire. Le Gentilhomme échanson, debout près de sa table, se tourne vers le buffet et crie : « À boire pour le roi! » Il fait alors la révérence et s'éloigne vers le buffet, pour chercher la boisson du roi.

Il n'y a pas de verre, ni de carafe, à plus forte raison de bouteille, sur la table du roi. Mais nulle part, dans aucun pays et dans aucun état de la société, on ne pose en ce temps-là son verre sur la table. Il n'y a que quelques générations que nous le faisons et que nous alignons, les jours de fête, le grand, le moyen, et le petit verre devant nous. On demandait à boire, et l'on vous apportait un verre, que l'on remplissait. Regardez partout : ni les belles dames sur les gravures d'Abraham Bosse, ni les élégants du *Souper au champagne,* pas plus que les *Officiers des banquets* de Frans Hals ne posent leur verre sur la table où ils mangent, et où on ne voit pas la moindre bouteille. La suivante de la courtisane de La Tour lui porte son verre et le remplit tout en surveillant le Tricheur du coin de l'œil. Les plus beaux tableaux ont quelquefois des choses à nous dire sur la manière dont on vivait.

Mais cette manière de faire suppose une autre manière de boire. Nous, qui avons un verre plein devant notre assiette, le faisons à petites gorgées, entre les bouchées. Au XVIIe siècle, on ne buvait que deux ou trois fois par repas, et chaque fois tout le verre d'un coup. Cela suppose donc une autre manière de déguster. On ne pensait pas à rechercher la subtile alliance de ce qu'on mangeait avec la gorgée de vin dont on l'accompagnait : il faudra attendre le XIXe siècle pour de pareils raffinements.

Donc, le Gentilhomme échanson a rejoint le buffet. Pendant ce temps le Chef d'échansonnerie, qui attendait, a pris le verre du roi, recouvert d'une soucoupe, et deux carafes de cristal, une de vin et l'autre d'eau, il les a posées sur un plateau de vermeil, et remet le tout au Gentilhomme échanson qui a juste eu le temps de traverser la chambre. Tous deux alors se dirigent vers la table du roi, suivis d'un troisième, l'Aide d'échansonnerie, qui porte deux tasses de vermeil.

Arrivés tous trois à la table du roi (trois révérences), ils se placent, le Gentilhomme devant, le Chef à sa droite et l'Aide derrière le chef. Ils vont exécuter ensemble l'Essai.

Qu'est-ce que l'Essai?

C'est l'une des plus importantes parmi ces couches géologiques d'usages superposés qui constituent le cérémonial du repas. L'Essai remonte à ces terribles époques où l'on empoisonnait les princes, les ducs, les vice-rois, les Borgia, les d'Este, les Sforza, les Médicis, pour un oui ou pour un non. Ce n'est plus désormais qu'un usage, mais, comme toute action passée au rang d'habitude, puis de rituel, chargée ou non de symboles, il est devenu plus important, plus incontournable que du temps où il était utile (il est vrai que, bientôt, on va commencer à entendre parler de la Brinvilliers, de la Voisin, de la Filastre et de quelques autres). Jadis, on faisait l'Essai en versant dans le verre du roi un produit à base de langue de serpent qui, paraît-il, se colorait immédiatement au contact d'un poison. On ne le fait plus. Le Gentilhomme échanson se contente de goûter, ce qui évidemment ne sert à rien : il faudrait qu'il tombe raide mort sur-le-champ pour prouver quelque chose...

Le Gentilhomme échanson tient donc le plateau où se trouvent le verre et les carafes dans sa main gauche. De la droite, il verse un peu de vin, puis d'eau, dans la tasse de vermeil que lui tend le Chef d'échansonnerie. Il repose les carafes, prend la tasse et reverse la moitié du liquide dans l'autre tasse, que l'Aide d'échansonnerie vient de passer au Chef d'échansonnerie, qui la lui tend.

Le Gentilhomme boit alors le contenu de la première tasse, puis celui de la seconde, tourné vers le roi afin d'être vu de lui pendant l'opération. Il rend alors les tasses au Chef qui tend à l'Aide l'une des deux. Il fait révérence au roi et découvre de la main droite le royal verre placé sur le plateau qu'il tient de la gauche. Il le présente au roi, qui se sert lui-même, de vin, puis d'eau, boit, et repose le verre.

Le Gentilhomme fait la révérence, tend le plateau au Chef d'échansonnerie qui, suivi de l'Aide portant les deux tasses, retourne au buffet.

S'étonnera-t-on que, durant certains hivers rigoureux, le vin et l'eau gelassent dans les carafes et dans les verres ? Cérémonial réglé au quart de tour, gestes sus par cœur et répétés sans hésitation : le vin avait quand même le temps de geler.

*

Mais que boit Louis XIV ?

Il faut à nouveau répondre : « C'est selon... » D'ailleurs, que boit-on à Paris au XVIIᵉ siècle ? Au quotidien, des vins que nous ne connaissons plus, depuis qu'on ne vendange plus en Ile-de-France, sauf à Montmartre. Une comédie de Dancourt, *Les Vendanges de Suresnes*, nous rappelle que c'est le cru favori des Parisiens, avec celui d'Argenteuil. Pour les amateurs éclairés, on va chercher plus loin. Au début du siècle, on a pris goût au bordeaux et aux vins du Sud-Ouest — Henri IV y est pour quelque chose —, mais la grande querelle est celle du champagne et du bourgogne, elle durera tout le siècle.

Ce sont les deux crus que Louis XIV boira, à peu près exclusivement. Le champagne jusqu'en 1694, le bourgogne ensuite : entre-temps, il a changé de médecin.

Bussy-Rabutin vit en exil sur ses terres de Bourgogne, mais nul n'est prophète en son pays : « N'épargnez aucune dépense pour avoir des vins de Champagne, fussiez-vous à deux cents lieues de Paris. Ceux de Bourgogne ont perdu tout crédit avec les gens de goût et à peine conservent-ils un reste de vieille réputation chez les marchands [il veut dire : dans les milieux bourgeois]. Il n'y a point de province au monde qui ne fournisse d'excellents vins pour toutes les saisons que la Champagne. Elle nous fournit du vin d'Ay, d'Ancenet, d'Ouille jusqu'au printemps, Ferté, Sillery pour le reste de l'année. » On boit du vin jeune...

Mais ce champagne n'est pas le nôtre.

Il faut savoir que le cher Dom Pérignon est né la même année que Louis XIV, en 1638, et mort aussi la même année, en 1715. Il était « procureur » de l'abbaye d'Hautvillers, et il a passé sa vie à en améliorer les vignes, à *choisir les plants, les provigner, les tailler, mélanger les raisins, faire la cueillette et gouverner les vins* : c'est le titre de son gros ouvrage. Il n'a pas inventé le vin mousseux, comme on croit. Le champagne pétillait naturellement, on le savait depuis longtemps. Certains, comme Saint-

Évremond, considéraient cela comme une tare... Jusqu'à Dom Pérignon, on n'a pas su, on n'a pas voulu, ou pas eu le goût d'exploiter cette particularité naturelle ; ce fut l'art du bon moine de la perfectionner. Les champagnes étaient alors rouges, ou blancs, ou gris. Ce n'est qu'au XVIIIᵉ siècle que les blancs ont éclipsé les autres.

Il n'est donc pas possible de dire la couleur du vin que buvait le Roi-Soleil ; et, comme (tous les témoignages le confirment) il n'a jamais bu son vin pur, mais qu'il le coupait d'eau, il ne moussait pas non plus...

En 1694, Fagon, son Premier médecin, étant venu à bout de D'Aquin, ne changea pas seulement la médecine du roi, mais sa coupe : il l'obligea à renoncer au champagne en faveur du bourgogne qui, disait-il, « a moins de tartre et plus d'esprit ».

Et comme le Roi-Soleil est ce que nous savons, que les moindres de ses gestes et de ses décisions (mettre une perruque...) retentissent aussitôt dans tout le royaume, la querelle entre le champagne et le bourgogne, qui durait depuis un siècle, s'envenima soudain, alimentée par des pamphlets, traités, thèses et contre-thèses, telle la *Défense du vin de Bourgogne contre le vin de Champagne par la réfutation de ce qui a été avancé par l'auteur de la thèse soutenue aux écoles de médecine de Reims, le 5 mars 1700.*

XIX

Deux heures

Le roi s'est levé de table. Son après-midi commence et c'est le moment où l'historien est bien embarrassé pour raconter ce qu'il fait. Personne n'écrit : et comme en Histoire seuls les écrits restent, les bavardages de la cour ne sont que bruissement et lettre morte. Pour l'historien, l'absence d'écrit est l'équivalent du trou noir de l'astronome. Tout est possible. Rien n'est sûr. On ne sait pas. Ou pis : on sait, mais nul document, nulle archive, nulle chronique, nulle relation ne permet de décrire, ou de récuser, ou de discuter, ou d'argumenter. C'est la ruine du métier...

Il faut donc se contenter d'une mauvaise langue, celle de Saint-Simon bien entendu. Et il faut, pour qu'elle-même engage son caquetage, qu'un mauvais sujet lui en donne l'occasion : que Lauzun (Puyguilhem, Péguilin...) ait fourni la matière en accomplissant quelques-uns des tours que lui seul est capable d'oser.

Lauzun, « ce petit homme blondasse », aimait les femmes, ou du moins aimait s'en faire aimer. « La plupart le voulaient comme amant [c'est une autre mauvaise langue, Bussy-Rabutin, qui parle]. Cela tenait à une certaine suffisance très apparente, qui ne déplaît jamais quand elle n'est point feinte et à des qualités secrètes qui plaisent encore plus. »

« Il était amoureux de Mme de Monaco [Saint-Simon a pris la relève], sœur du comte de Guiche, intime amie de Madame et dans toutes ses intrigues. » D'autres mauvaises langues affirment qu'il l'aimait tant qu'il l'avait suivie en Italie, déguisé en postillon, lorsqu'elle était allée s'y marier. Cela ressemble assez à Lauzun et aux fureurs qui s'emparent de lui quand on se met en travers de ses désirs.

Toujours est-il qu'il apprit par une femme de chambre de Mme de Monaco — avec laquelle, dit-on, il couchait aussi — que le roi et la dame avaient des rendez-vous secrets. Il apprit même l'heure où Bontemps, Premier gentilhomme de service « la conduisait, enveloppée d'une cape, par un escalier dérobé, sur le palier duquel était une porte de derrière des cabinets du roi et vis-à-vis, sur le même palier, un privé ».

Un « privé », au XVIIe siècle, c'est justement ce que nous appellerions des « cabinets », les cabinets n'étant pas alors ce qu'on pense mais les lieux où le roi travaille. Il s'en trouvait un à l'arrière du petit appartement *privé* que Louis XIV s'était fait construire, on l'a vu, à Saint-Germain. Le vocabulaire a de ces enchevêtrements au milieu desquels il est plus difficile encore de se retrouver que dans les arrière-couloirs et les escaliers secrets des palais royaux. Car les lieux dont parle Saint-Simon sont parfaitement identifiables sur les vieux plans, et l'escalier dérobé dont parle Saint-Simon est justement celui par

129

lequel, un siècle plus tôt, Henri II rejoignait Diane de Poitiers : au-delà des détours et des corridors, la continuité de l'Histoire...

« Lauzun prévient l'heure et s'embusque dans le privé, le ferme en dedans d'un crochet, voit par le trou de la serrure le roi qui ouvre sa porte et met la clef en dehors et la referme. Lauzun attend un peu, écoute à la porte, la ferme à double tour avec la clef, la tire et la jette dans le privé, où il s'enferme à nouveau. Quelque temps après arrive Bontemps et la dame, qui sont bien étonnés de ne point trouver la clef à la porte du cabinet. Bontemps frappe doucement plusieurs fois inutilement, enfin si fort que le roi arrive. Bontemps lui dit qu'elle est là et d'ouvrir, parce que la clef n'y est pas. Le roi répond qu'il l'y a mise ; Bontemps la cherche à terre pendant que le roi veut ouvrir avec le pêne, et il trouve la porte fermée à double tour. Les voilà tous trois bien étonnés et bien empêchés : la conversation se fait à travers la porte comment ce contre-temps peut être arrivé ; le roi s'épuise à vouloir forcer le pêne, et ouvrir malgré le double tour. À la fin il fallut se donner le bonsoir à travers la porte, et Lauzun, qui les entendoit, à n'en pas perdre un mot, et qui les voyoit de son privé par le trou de la serrure, bien enfermé au crochet comme quelqu'un qui seroit sur le privé, rioit bas de tout son cœur, et se moquoit d'eux avec délices. »

*

Quelques années plus tard, à l'automne de 1671, le maréchal de Gramont (qui n'est autre que le père de Mme de Monaco) quitte sa charge de colonel du régiment des gardes françaises, poste important, prestigieux, l'un des plus éminents à la cour et à l'armée. Lauzun veut à tout prix sa succession, et quand Lauzun veut, nous avons vu que l'inimaginable devient possible. D'ailleurs Saint-Simon lui-même n'en revient pas. Pour assurer la chose, le petit homme prie Mme de Montespan d'intervenir en sa faveur auprès du roi. « Elle promet des merveilles et l'amuse ainsi plusieurs jours. » Rien ne vient. Lauzun rognonne, remâche son impatience et sa mauvaise humeur, s'obsède, s'excite et tourne en rond.

Saint-Simon raconte si bien cet inimaginable épisode qu'il faut le laisser dire :

« [...] il prend une résolution incroyable si elle n'étoit attestée de toute la cour d'alors. Il couchoit avec une femme de chambre favorite de Mme de Montespan, car tout lui étoit bon pour être averti et protégé ; et vient à bout de la plus hasardeuse hardiesse dont on ait jamais ouï parler. Parmi tous ses amours le roi ne découcha jamais d'avec la reine, souvent tard, mais sans y manquer, tellement que pour être à son aise, il se mettoit les après-dînées entre deux draps chez ses maîtresses. Puyguilhem se fit cacher par cette femme de chambre sous le lit dans lequel le roi s'alloit mettre avec Mme de Montespan, et par leur conversation, y apprit l'obstacle que Louvois avoit mis à sa charge, la colère du roi de ce que son secret avoit été éventé, sa résolution de ne lui point donner l'artillerie par ce dépit. »

Saint-Simon fait ici une légère erreur dans la chronologie : c'est deux ans plus tôt qu'il s'était porté candidat à l'artillerie, avec les scènes qu'on a vues. Il aspire maintenant au commandement des Gardes françaises, avec autant d'opiniâtreté. Mais peu importe : sous le lit, il écoute ce qui se dit :

« Il y entendit tous les propos qui se tinrent de lui entre le roi et sa maîtresse, et que celle-ci qui lui avoit tant promis tous ses bons offices, lui en rendit tous les plus mauvais qu'elle put. Une toux, le moindre mouvement, le plus léger hasard pouvoit déceler ce téméraire, et alors que seroit-il devenu? Ce sont de ces choses dont le récit étouffe et épouvante tout à la fois.

« Il fut plus heureux que sage, et ne fut point découvert. Le roi et sa maîtresse sortirent enfin de ce lit. Le roi se rhabilla et s'en alla chez lui, Mme de Montespan se mit à sa toilette pour aller à la répétition d'un ballet où le roi, la reine et toute la cour devoient aller. La femme de chambre tira Puyguilhem de dessous ce lit, qui apparemment n'eût pas un moindre besoin d'aller se rajuster chez lui. De là il s'en vint se coller à la porte de la chambre de Mme de Montespan.

« Lorsqu'elle en sortit pour aller à la répétition du ballet, il lui présenta la main, et lui demanda avec un air plein de douceur et de respect, s'il pouvoit se flatter qu'elle eût daigné se souvenir de lui auprès du roi. Elle l'assura qu'elle n'y avoit pas manqué, et lui composa comme il lui plut tous les services qu'elle venoit de lui rendre. Par-ci, par-là il l'interrompit crédulement de questions pour la mieux enferrer, puis s'approchant de son oreille, il lui dit qu'elle étoit une menteuse, une friponne, une coquine, une p... à chien, et lui répéta mot pour mot toute la conversation du roi et d'elle. Mme de Montespan en fut si troublée qu'elle n'eut pas la force de lui répondre un seul mot, et à peine de gagner le lieu où elle alloit, avec grande difficulté à surmonter et à cacher le tremblement de ses jambes et de tout son corps, en sorte qu'en arrivant dans le lieu de la répétition du ballet, elle s'évanouit. »

XX

Trois heures

Louis XIV est un homme de plein air, comme l'était avant lui son père, mais plus encore. Il y a une part considérable de ses choix et de ses décisions qui ne peuvent se comprendre si on oublie en lui l'homme de la campagne, le chasseur, le terrien, l'homme des forêts. Il ne supporte pas de vivre enfermé. Quand il entre dans une salle, il faut ouvrir les fenêtres, tant pis pour les frileux. Quand il roule en carrosse, même avec les dames, c'est sans rideaux et sans vitres, en toute saison. Ce n'est pas seulement pour la gloire des batailles et pour les beaux sièges de ville et de places fortes qu'il s'en va en campagne chaque printemps, dans sa jeunesse : c'est pour les cavalcades, pour les revues, pour la vie de camp. Et c'est pour la même raison qu'il délaisse le Louvre au profit de Vincennes, de Saint-Germain, de Versailles.

On a dit qu'il détestait Paris à cause des mauvais souvenirs de la Fronde. C'est vrai. On ne redira jamais assez à quel point les jours troublés qui ont marqué son enfance et sa jeunesse ont influencé son esprit, et qu'ils sont irrémédiablement liés à la ville, en tant que telle : il ne l'aime pas, c'est certain. Mais cette aversion se double d'une attirance pour la terre, la forêt, l'air, l'espace, au moins aussi grande, et qui la renforce sans rien devoir aux aléas de l'Histoire et de la politique. L'air, l'espace, l'effort physique, la marche, la course à cheval, il lui faut tout cela. Il aime Saint-Germain à cause de la beauté du site surplombant la vallée de la Seine. Et il faudra qu'en 1669 Le Nôtre crée la grande terrasse qui va structurer cet espace et le magnifier, avant d'inventer à Versailles la perspective infinie. Mais il l'aime aussi à cause des forêts qui l'entourent : ce n'est pas le regard seulement qu'il faut combler, c'est l'activité physique. Au minimum, la promenade et, si possible, la chasse. Dès sa jeunesse, il a été grand cavalier, habile tireur ; les intempéries ne l'empêchent pas de chevaucher des heures, et de revenir trempé. Il prend des risques : il a des accidents, se casse le bras d'une chute de cheval. L'après-midi du Roi-Soleil est celui d'un boulimique à quadruple face : boulimique de nourriture, de femme, de dépense physique et de travail.

*

Pourquoi la chasse ? Pourquoi, au long des siècles, tant d'importance accordée à une occupation sans objet, sans véritable utilité, détournée qu'elle est de sa fonction primitive, qui était de se nourrir ?

L'histoire des hommes est ainsi faite. Les civilisations se succèdent, elles naissent, elles s'effacent et laissent place à d'autres : mais elles ne meurent jamais tout à fait. Les civilisations mortes laissent curieusement des traces dans la mémoire et dans l'activité des hommes, mais pourvues d'un nouveau statut, d'une nouvelle fonction. Ce qui était utile et nécessaire devient divertissement et jeu, et se pare d'une sorte d'auréole du simple fait de son antiquité. Tout se passe comme si ce qui avait été autrefois une pénible, difficile, astreignante occupation, périlleuse souvent, lentement perfectionnée par l'ingéniosité des générations, l'accumulation du savoir, se transformait en plaisir, en art, à l'instant où elle cesse d'être nécessaire. A-t-on jamais autant choyé les chevaux que depuis qu'on roule en automobile? A-t-on jamais dépensé pour d'inutiles bateaux à voile autant d'argent que depuis qu'ils ne servent plus à rien? Depuis qu'on peut acheter des petits plats tout faits dans des boîtes en plastique, la cuisine se répand partout. On recherche comme des trésors de grand art les coups de main et les secrets des arrière-grand-mères qui peinaient, les malheureuses, devant leurs fourneaux.

L'histoire des divertissements ressemble aux fouilles des archéologues : c'est toujours la couche du dessous qui est intéressante. De ce qui avait été l'occupation nourricière et contraignante des hommes de l'ère précédente, on retient le plaisir qu'ils avaient eu, après tant de traverses et de misères, à la perfectionner. Depuis que l'homme agricole avait commencé à délimiter les champs, à planter des haies, à retourner la terre pour y semer des fèves et du froment, à parquer des vaches dans des prairies, des poules dans des cours et des lapins dans des clapiers, il n'était plus nécessaire de courir derrière des bêtes sauvages pour les manger : et c'est alors que l'occupation de l'homme

135

préagricole a commencé à devenir passion. Traquer des biches et des cerfs, des sangliers et des renards, est devenu un rituel, un art, avec le cérémonial d'un rituel et les règles d'un art, avec les mêmes contraintes gratuites que l'artiste se donne pour composer une fugue ou ordonner une symphonie, et avec les finesses que seuls savent apprécier les amateurs d'art. Il serait bien intéressant de savoir si les hommes du néolithique s'amusaient en refaisant les gestes devenus inutiles de leurs prédécesseurs des Eyzies ou de Cro-Magnon, s'ils rêvaient d'une vie nomade, libérée des contraintes de l'agriculture, comme on rêve d'un âge d'or, toujours imaginé dans les brumes d'un lointain passé, comme les contemporains de Virgile rêvaient de l'Arcadie ou, peut-être, comme nos semblables, las des transports urbains, rêvent d'élever des chèvres dans des collines et de faire des fromages.

Mais une civilisation est toujours totalitaire. Elle supporte mal l'existence des autres, *oi barbaroi*, comme disaient les Grecs, car leurs usages et la manière dont ils vivent sont inconciliables avec ce qui la fonde. L'homme de la terre n'aime pas le nomade, non à cause de ce qu'il est, mais parce qu'il ne respecte pas les bornes de ses champs, qui sont le fondement de sa vie. C'est pourquoi une activité révolue transfigurée en divertissement sans objet ne peut être que le propre de ceux qui ont le loisir et le pouvoir de transgresser les normes de la civilisation à laquelle ils appartiennent.

La chasse était ainsi destinée, par sa nature, à devenir le divertissement des nobles. Elle le fut durant des siècles. Et comme toute roue tourne, la chasse fut l'un des premiers privilèges qu'en première urgence la Révolution eut à

136

abolir pour l'offrir à tous. Et comme la roue continue à tourner, il va bientôt être donné à notre temps d'ôter aux hommes ce que la précédente libération leur a donné, et de porter le coup fatal à une occupation devenue incompréhensible, et donc intolérable.

Il faut beaucoup de milliers d'années pour effacer ce qu'ont été un jour les hommes.

*

La chasse était donc l'occupation des nobles ; le roi étant *primus inter pares*, elle devait être la sienne, et il devait y être le meilleur.

À peine roi, François Ier fit porter dans une cage un sanglier géant, qu'on avait avec soin rendu furieux en l'aiguillonnant à travers les barreaux. Tout seul dans la cour du château de Blois, tout le monde aux fenêtres, le roi joua, provoqua, fit des feintes et des esquives, et puis tua l'animal d'un seul coup d'épieu. Il pouvait désormais régner et gagner Marignan : il était le meilleur.

Henri II épousa Catherine mais aima Diane, et chassa tous les jours de sa vie, sans exception. Il organisa des campagnes de chasse semblables à des expéditions guerrières. Charles IX porta à la chasse la démesure de son esprit exalté. Il chassait comme un fou, sautant à cheval sans crier gare : il força un jour, seul, un cerf dix cors, sans chiens, sans piqueurs, sans suite. Henri IV avait de qui tenir, puisque son ancêtre Gaston de Foix avait écrit le plus célèbre *Traité de la chasse*.

Louis XIII, à trois ans, quand on lui demandait où il voulait se promener, répondait : « À la chasse. » À six ans, un après-midi, il commande : « Faites atteler le carrosse, je veux aller à la chasse. Capitaine M. de Mausan, faites tenir prêts les oiseaux. » Son médecin, Héroard, continue le récit : « Allant vers Versailles, il voit prendre un levraut avec deux lièvres, cinq ou six cailles à la remise, et deux perdreaux, l'un par son épervier. »

La chasse à Versailles, c'est l'origine du château : à l'âge de six ans, Louis XIII y fixe ses attaches.

Le 1er août 1610, il a neuf ans : « Il y avait un grand sanglier et trois bêtes de compagnie, dans l'une desquelles il donna, de demi-pied profond, son premier coup d'épée. » Trois ans plus tard, à douze ans, « il monte à cheval, court un cerf, le premier qu'il ait tué, lui ayant donné un coup d'épée dans le cœur ».

Mais sa chasse préférée est celle à l'oiseau. Il a appris à dix ans à dresser des faucons, il chasse le merle à l'émerillon, et, réunissant ses deux passions, il en fera un ballet, musique, danse, costumes, le tout de sa main, le *Ballet de la merlaison.*

Peut-être a-t-on déjà du mal à imaginer le Lever du roi au milieu de la foule ; davantage encore son sommeil, avec le Premier valet de chambre sommeillant au pied de son lit, et les gardes en faction à la porte. Il faut pourtant aller plus loin. Qui dit chasse dit d'abord chiens : on sait cela depuis la préhistoire, bien avant même qu'on ne parle de cheval. Il nous faut donc imaginer le Roi-Soleil au milieu de ses chiens. Ils sont là à toute heure du jour, et de la nuit. Il y a une « chambre des chiens du roi », qui communique directement avec le cabinet du conseil. Deux fois par jour, le roi les nourrit de sa main, puisque chacun sait que la fidélité d'un chien tient à cela. Et un chasseur a besoin que les siens soient attachés à sa personne, à son odeur, à sa main qui distribue les biscuits et la viande, et non pas seulement à un valet de chiens ou même au Grand Veneur. « Il en avait toujours sept ou huit dans ses cabinets, précise Saint-Simon, et il se plaisait à leur donner lui-même à manger, pour s'en faire connaître. »

Et si l'on s'étonnait d'apprendre que le Premier valet de chambre dormait sur un lit de camp dans la chambre du roi, il nous faut savoir qu'ils ne sont pas seuls : les « chiennes couchantes » qui vont accompagner Louis XIV à sa chasse du lendemain couchent aussi dans sa chambre, au pied du lit, pour que s'établisse à nouveau cette intimité nécessaire du chasseur et du chien.

La chasse n'a pas été pour Louis XIV la passion qu'elle fut pour son père. Encore qu'il faille toujours prendre mille précautions lorsqu'on parle de lui, et que sa vie secrète soit toujours plus difficile à évaluer qu'on ne croit. Qu'a-t-il aimé « avec passion » ? Passion, désir se dissimulent toujours (presque toujours...) chez lui sous une carapace qui semble de raison et qui donne le change. Quand il veut, de toute sa volonté, être le meilleur de son royaume, pour la danse par exemple, est-ce parce qu'il a la passion de la danse, ou la passion d'être le meilleur ? Et cela, pourquoi ? Par orgueil, ou parce que c'est son devoir de roi d'apparaître tel ? Impossible de répondre, si ce n'est en constatant qu'il est, effectivement, le meilleur, quand il danse Apollon... Et quand il chasse ? Quand, à l'âge de soixante-seize ans, un an avant sa mort, malgré sa vue qui baisse et la lenteur des gestes d'un vieillard, il s'offre un après-midi le luxe de descendre trente-deux faisans sur trente-quatre coups de fusil tirés, est-ce le dernier éclat d'une vieille passion, ou le désir de montrer qu'il est toujours le meilleur, lui qui faisait trente ans plus tôt des tableaux de chasse de cent cinquante, deux cents, on dit jusqu'à deux cent cinquante pièces en quelques heures?

XXI

Si l'après-midi n'est pas occupé par la chasse ou par la promenade, le roi danse : du moins le fera-t-il jusqu'en 1670, l'hiver surtout, quand se préparent pour le carnaval les représentations de ballets de cour. Au xviie siècle, on appelle cela « divertissement », mais nous ferons erreur si nous donnons à ce mot le sens qu'il a pour nous d'amusement, de distraction, de récréation. En décembre, en janvier, en février encore, cette occupation devient préoccupation. Elle est quotidienne et à mesure que l'on s'approche du soir de la « première », l'animation, l'agitation, l'effervescence vont croissant.

Comment imaginer aujourd'hui — à une époque qui se croit drôle et se veut, comme elle dit, « libérée », mais qui ne semble pas gaie dans les alentours du pouvoir —, comment concevoir que, parce qu'on va danser, le château de Saint-Germain ou le palais du Louvre se transforment en ruche et se trouvent ainsi, chaque hiver, agités d'un branle-bas général, d'un va-et-vient chaque jour plus fiévreux, de maîtres-à-danser et de grands seigneurs répétant leur rôle, de costumières et de princesses fourbissant leurs atours et affinant leurs entrechats, dans une agitation au moins égale aux grands jours d'effervescence (quand la cour s'en va en Flandre, et que trois mille personnes font leurs bagages) ou aux grands moments de la politique ou de la guerre ?

C'est pourtant bien ainsi qu'il faut se représenter les choses : les documents le disent, entre leurs lignes sèches. Ils nous affirment qu'on répète le ballet pendant deux mois, que vers la fin il y a trois répétitions par jour, dédoublées parfois en plusieurs lieux du château, qui s'est rempli de répétiteurs et de violons brusquement promus maîtres de l'emploi du temps et du protocole. À l'exception de la messe, tout plie : lever, dîner, coucher, cérémonial. Enfin presque tout... C'est tandis qu'elle se hâte de « se rendre à la répétition d'un ballet » que Lauzun rencontre Mme de Montespan après lui avoir joué le tour pendable qu'on a vu tout à l'heure, de se cacher sous son lit quand le roi vient s'y ébattre. Mais La Vallière se hâte aussi, puisqu'elles doivent danser toutes deux ensemble, et dans la même scène. Et aussi Madame, Henriette d'Angleterre, qui danse avec elles. Et la duchesse de Sully, et la duchesse de Bouillon, et Mlle de Sévigné, et dix autres. Et puis le Grand Écuyer, le duc d'Enghien, le duc de Vendôme, et Villeroi, et Saint-Aignan. Tout se mêle et, un peu comme dans le domaine de la chasse, les divisions sociales s'effacent pour le ballet, puisque dans une même scène (cela s'appelle « Entrée ») danseront le roi et le maître-à-danser Beauchamp, le duc de Chevreuse et le maître-à-danser L'Estang (dont on a oublié qu'avant d'être danseur il était pâtissier, celui des tartelettes amandines, Cyprien Ragueneau de son vrai nom), qu'on croise

Scaramouche (Tiberio Fiorelli) et Arlequin, Montfleury et Brécourt, Mlle Hilaire (la chanteuse) et Molière, Monsieur, frère du roi, et la troupe des Espagnols, et, bien entendu, Lully.

Quand on touchera aux derniers jours avant la première, pour les générales (on en compte huit, dont quatre en costume !), il faudra ajouter le bataillon des figurants, la cohorte des tailleurs et de leurs garçons, des habilleuses et des petites mains, l'escouade des plumassiers, des perruquiers et des coiffeurs, plus les fabricants de masques (on danse masqué) et d'escarpins, les marchands de bas et les fournisseurs de rubans, plus les mouches du coche. Tous ces gens-là, sauf les derniers, sont notés dans les documents et dans les comptes. Encore faut-il ajouter les décorateurs et les machinistes, les charpentiers et les moucheurs de chandelles. Le 6 février 1661, par la faute de l'un d'eux, alors qu'on avait travaillé toute la nuit à construire les décors et les machines du *Ballet de l'Impatience*, la galerie du Louvre fut détruite par le feu...

Mais nous n'aurons rien compris à la nature de ce grand branle-bas, si nous ne mesurons pas ce que l'acte même de danser signifie pour un homme du xviie siècle, et ce que Louis XIV, toujours semblable à lui-même en cela comme dans le reste, a su faire en se plaçant au centre de ce que ses sujets aimaient par-dessus tout. Il l'a pourtant écrit dans ses *Mémoires*, ce texte qu'on ne lit jamais sous prétexte que c'est sans doute Pélisson qu'il l'a rédigé, alors qu'il livre tant de secrets : « Un prince, et un roi de France, peut encore considérer quelque chose de plus dans les divertissements publics, qui ne sont pas tant les nôtres que ceux de notre cour et de tous nos peuples. Il y a des nations où la majesté des rois consiste, pour une grande partie, à ne se point laisser voir, et cela peut avoir ses raisons parmi les esprits accoutumés à la servitude, et que l'on gouverne par la terreur ; mais ce n'est pas dans le génie de nos Français et, d'aussi loin que nos histoires nous le peuvent instruire, s'il y a quelque chose de singulier dans cette monarchie, c'est l'accès libre et facile au prince. »

« Ne se point laisser voir » : il pense à l'Espagne, bien entendu. C'est ce qu'il ne veut pas. « Se faire voir » au cœur de ce que ses « peuples » aiment à voir, c'est ce qu'il veut et c'est ce qu'il a fait. Cela supposait qu'il fût le meilleur danseur, et il l'a été.

*

Louis XIV a dansé « publiquement » — c'est le mot qu'il utilise et on verra que c'est le bon — pour la première fois dans un ballet en 1651. Il avait treize ans. C'était le *Ballet de Cassandre*. Mais on a un joli portrait de lui en costume de ballet, alors qu'il n'a pas dix ans, si le peintre n'a pas triché. Il a dansé pour la dernière fois, probablement, en 1670, dans *Les Amants magnifiques*, une comédie-ballet de Molière. Durant vingt ans, ce qu'on peut appeler la carrière du royal danseur s'est déroulée comme celle d'un virtuose, avec une progression continue dans les thèmes, les sujets, le style et, sans aucun doute, la difficulté technique. Il s'est arrêté, comme un professionnel, à l'instant où celle-ci allait dépasser sa capacité. Il avait trente-deux ans. On suit cette carrière non seulement dans la succession des livrets, dans les comptes ren-

144

dus de la *Gazette*, dans les mémoires et les correspondances, mais aussi dans le *Journal de la santé du roi*. Dès le mois de février 1653 (on répète le fameux *Ballet de la Nuit* ; Louis a quinze ans), on lit sous la plume de Vallot : « Vers la fin du même mois, le roi, s'étant très échauffé à répéter un ballet, fut incommodé d'un rhume... » ; deux pages plus loin : « Peu de temps après, le roi s'étant échauffé à danser et répéter son ballet... » ; et encore : « Sur la fin du mois de mars de la présente année, après plusieurs fatigues durant un ballet dansé à plusieurs reprises par S. M... » Et ainsi de suite. Dix-sept ans plus tard, Vallot nous apprend encore que, pour la préparation de la comédie-ballet de Molière *Les Amants magnifiques*, où il doit danser Neptune au prologue et Apollon au finale, Louis XIV a travaillé ce qui sera sa dernière apparition publique « au point de s'en rendre malade ».

*

Richelieu raconte dans ses *Mémoires* que le duc de la Rochefoucauld, ayant été choisi par lui pour aller négocier en Espagne (et il précise : « à ma place ») ; ce n'était pas un voyage d'agrément), refusa « d'autant qu'il était engagé dans un ballet qu'il voulait danser ». Ainsi, dans ce curieux temps, le roi travaille ses entrechats à s'en rendre malade et le duc refuse une ambassade pour se pavaner. Ces gens sont-ils si futiles ? N'en croyez rien.

Les Jésuites, qui sont gens sérieux, et qui ont mis au point l'une des plus géniales organisations pédagogiques de tous les temps, enseignaient la danse dans leurs collèges, à côté du latin, de l'éloquence et de l'histoire. Ils y attachaient tant d'importance qu'ils faisaient pour cela appel aux plus grands virtuoses. Pour peu qu'on connaisse la philosophie didactique des messieurs de la Compagnie, cela signifie que la danse était alors comprise comme l'une des plus parfaites démonstrations possibles de la qualité d'homme, et même d'« honnête homme ».

Dans la danse, écrit l'abbé de Pure (des Jésuites, un abbé... Curieux temps...), « vous paraissez tel que vous êtes, et toutes vos actions sont tributaires aux yeux des spectateurs, et leur exposent et le bien et le mal dont l'Art et la Nature ont favorisé ou disgracié votre personne. Ainsi le bal mérite bien quelque sorte de soin, et qu'un galant homme s'applique à se bien tirer d'un pas si dangereux ».

Comprenons bien. La danse ne peut être pour nous, aujourd'hui, que deux choses, parfaitement opposées l'une à l'autre. Ou bien c'est un art difficile, auquel des hommes et des femmes consacrent leur vie, leur corps, leur pensée, afin d'atteindre une virtuosité à laquelle aucun d'entre nous ne saurait prétendre, et qu'ils nous exposent dans des théâtres. Ou bien elle est un divertissement sans conséquence auquel on se livre entre amis et auquel on prend plaisir, le samedi soir, sans se flatter d'en faire une œuvre d'art. Ni l'un ni l'autre ne correspond à la nature et à la fonction qui étaient les siennes au temps du Roi-Soleil, et que laisse entrevoir l'abbé de Pure. Elle s'inscrit elle-même, comme il le suggère, dans une manière de concevoir l'homme. L'« honnête homme », c'est un homme, en mieux. L'« honnêteté » est un perfectionnement, un achèvement, un « polissage » (*poli* veut dire *parfait* : du marbre *poli*, c'est du marbre enfin achevé) de l'humain. Il est

146

humain de parler : il est mieux d'être éloquent. L'éloquence est un langage « poli ». Il est heureux d'être né
beau et bien fait, mais il est mieux d'être « paré ». La
« parure » est au-delà de la nature. Nous pensons aujourd'hui le contraire : nous aimons ce qui nous paraît
« naturel » (et qui d'ailleurs ne l'est pas forcément), simple
et direct. C'est notre façon de voir ; nous devons admettre
que d'autres temps ont pensé autrement et ont préféré ce
qui est « poli » à ce qui est « naturel ». Nous devons
accepter qu'à de certaines époques on a pu penser qu'il
était plus parfait et plus achevé d'avoir une perruque que
de simples cheveux. De même, on a pensé que marcher,
agir, faire des mouvements et des gestes, cela est humain ;
mais que bien marcher, avec grâce, donner de l'harmonie
à son maintien et à ses attitudes, c'est mieux : c'est une
nature « parée ». Danser, c'est aller encore plus loin et
parvenir avec ses membres et tout son corps au sommet
de la grâce et de l'harmonie. La danse est donc, pensait-on, la perfection de la nature, qui nous a fait don du
mouvement, comme l'éloquence est la perfection de la
parole. C'est bien pourquoi les Jésuites enseignaient
conjointement l'éloquence et la danse.

Et c'est pourquoi un roi de France peut s'appliquer et
même « au point de s'en rendre malade » à paraître publiquement comme le plus brillant danseur de son royaume.
Il ne sort pas de sa fonction plus qu'il ne le fait dans les
autres domaines de la représentation de sa personne. On
pourrait, sans forcer, affirmer que bien danser est son
devoir de roi. Louis XIV l'a compris ainsi, et aussi ses
sujets, qui se pressent pour le voir, si l'on en croit la *Gazette*
où Loret se plaint d'avoir failli mourir écrasé.

*

Ce qu'on appelle « bal », au cours des temps, a fini par s'identifier de manière si intime à la simple notion de divertissement qu'à l'exception de celui des Débutantes ou de quelques cérémonies viennoises encore cérémonieuses, il a même perdu son nom : quelle jeune fille aujourd'hui oserait dire : « Je vais au bal » ?

Avec ses rites, son ordonnance, son cérémonial, c'est au contraire l'une des plus parfaites et profondes représentations que le XVIIᵉ siècle puisse nous donner de lui-même. C'est là que se dévoilent de la manière la plus limpide les ressorts inconscients de sa conception de l'homme, des rapports entre l'homme et la femme, entre les hommes entres eux et les femmes entre elles, leur idéal commun de perfection physique et morale. Si les sociologues et les philosophes étaient moins condescendants à l'égard de la musique et de ce qui l'accompagne, ils pourraient découvrir mille secrets aussi structuralistement révélateurs que ceux des Nambikwara et des Tupi-kawahib qui passionnaient Lévi-Strauss, et descendre au cœur de la société de cour plus intimement que Norbert Elias.

Le bal est alors le moment absolu de l'homme *en représentation*, c'est-à-dire, pensait-on, dans sa perfection. Si nous pouvions imaginer les danseurs par couples (car on ne danse que deux par deux, dans l'ordre hiérarchique descendant, sous les regards convergents et sans indulgence de cette société tout entière assemblée), leurs saluts (au partenaire, puis au roi, puis aux assistants), qui n'ont plus d'autre équivalent de nos jours, peut-être, que ceux des escrimeurs avec leur fleuret; si nous pouvions nous représenter la transition insensible de la marche, puis de la révérence, puis de la danse, la délicatesse et la difficulté des pas, des attitudes, ondulations de la main, regards; si nous savions faire le rapport entre ces mouvements, ces expressions, et la situation personnelle et sociale de ces personnages entre eux, non seulement nous commencerions à comprendre ce que cette société désirait de l'homme, son idéal (difficile, physiquement difficile...) de perfection humaine, mais bien des étrangetés de la vie « spectaculaire » du roi nous deviendraient intelligibles — et qui plus est, sans mots.

Danser, disait l'abbé de Pure, c'est s'exposer et se livrer, mais en transfigurant « par l'art » ce que la nature nous a donné. C'est ce qu'il appelait « se montrer avec honneur ».

Si Louis XIV, au dire de tous ceux qui l'ont vu, et d'abord de Saint-Simon, de Bussy-Rabutin (« et quand on ne traiterait pas sa dignité royale de *majesté*, on devrait en traiter sa personne... »), avait dans son allure et dans ses gestes une si grande *majesté* et une si parfaite élégance, c'est évidemment dû au fait que chaque jour, sans exception dans sa jeunesse et presque sans exception jusqu'à quarante ans, il a pratiqué cet art de la danse, celle de son temps, c'est-à-dire essentiellement une codification et une amplification des attitudes.

L'ambassadeur Primi Visconti, dont les regards se glissent dans tous les recoins de la cour et devinent tout, nous montre en une phrase cette représentation royale : « Me trouvant dans sa chambre avec d'autres courtisans, j'ai remarqué plusieurs fois que, si la porte vient par hasard à être ouverte, ou s'il sort, il compose aussitôt son attitude et prend une autre expression de figure, comme s'il devait paraître sur un théâtre ; en somme il sait bien faire le roi en tout. »

*

Mais cette société a su mieux faire encore que cette représentation du mouvement et de l'attitude dans le bal : elle a poussé la théâtralisation jusqu'à faire du ballet, c'est-à-dire un spectacle organisé, une occupation habituelle, ordinaire, de l'homme de cour, et non pas réservée, comme nous faisons, à des danseurs professionnels.

Les danseurs y sont les mêmes qu'au bal : le roi, des ducs, des comtes, des marquis, et des dames parfois pour ce qu'on appelle le « ballet de la reine ». C'est un spectacle, et donc on joue un rôle. On est un personnage, on n'y joue plus sa propre figure. On y danse masqué, puisque l'origine du ballet de cour est liée au carnaval, costumé (somptueusement), au milieu de décors et de machines. La mise en scène est extrêmement recherchée. Quand le roi représente Apollon, il descend des cintres dans un nuage. Quand Madame figure Diane, le nuage est assez grand pour que puissent y prendre place les suivantes de la déesse ; il s'ouvre en descendant, par un système compliqué de treuils et de poulies, et les dépose pour leur chorégraphie.

Le ballet est, depuis en tout cas la fin du XVIᵉ siècle, un des moments clefs de la vie de la cour. Henri III, Henri IV, Louis XIII s'y sont adonnés avec passion — et ce dernier surtout, qui composait la musique, la chorégraphie des entrées, réglait la mise en scène et dessinait les costumes. La partition du *Ballet de la merlaison*, qu'il a composé et dont il a tout réglé, nous est parvenue : elle n'est pas indigne...

Ce spectacle est public. Certains ballets seront représentés jusqu'à dix fois de suite, dans la salle du Petit Bourbon, près du Louvre, qui pouvait réunir trois mille personnes chaque soir.

Mais le plus intéressant, c'est de suivre son évolution, et ce que, en l'espace de vingt ans, le Roi-Soleil a pu en faire. Au début de son règne c'est comme depuis Henri III, le spectacle de la cour. Louis XIV en a fait la représentation du roi. Du souverain mêlé à ses sujets, dansant parmi eux et avec eux, on passe, insensiblement, au souverain ordonnateur d'une chorégraphie centrée sur lui seul, pour la représentation de sa gloire. Le « ballet de cour » n'est plus alors que le « ballet du roi », avec, au centre de la scène, le plus brillant danseur, contemplé par ses sujets.

XXII

Que dansait Louis XIV ? Comment dansait-il ? Doit-on croire sans examiner davantage les innombrables commentaires flagorneurs des gazettes et des courtisans ?

Qu'il a de majesté ! Que sa grâce est extrême !

ou bien

> *Quelle grâce extrême !*
> *Quel port glorieux !*
> *Où voit-on des dieux*
> *Qui soient faits de même ?*

Au-delà de ces mirlitonnades, ce qui est intéressant c'est d'étudier d'abord l'évolution que l'on ne peut s'empêcher de constater dans la simple énumération des quelque soixante-dix apparitions chorégraphiques du roi sur scène, entre 1651 et 1670. Quels rôles danse-t-il ? Au début de sa « carrière », quand il a treize, quinze, dix-huit ans, à l'exception du *Soleil levant* et d'Apollon, le jeune roi danse presque exclusivement des rôles bouffons, qui supposent une pantomime légère et expressive; rien à voir avec ce que nous imaginons comme danse de cour. Un filou ivre, un ardent, un homme de glace, une bacchante, une furie, un débauché..., voilà ce que danse Louis. Peu à peu, les rôles s'assagissent : un courtisan, un « grand amoureux », un « chevalier de l'ancienne chevalerie ». Cette tendance s'accentue progressivement. Les rôles burlesques disparaissent. Demeurent quelques compositions typées (un « Égyptien », un « Espagnol », c'est-à-dire, dans les deux cas, un gitan, un berger, bien policé sans doute, un poète et, puisque le travesti reste de règle, une nymphe. Mais de plus en plus, on verra le roi dans les grandes compositions héroïques ou mythologiques : Renaud, Alexandre, Cyrus, puis Jupiter, Neptune, le Soleil, ou son double, Apollon.

L'évolution est donc parfaitement claire et parle d'elle-même. Dans le ballet qu'il danse, dans le spectacle dont il est le centre, Louis XIV s'identifie progressivement à une représentation chorégraphique de sa propre majesté. Il jouait quand il dansait un filou ivre ou un gitan; quand il danse Apollon, il est lui-même, et c'est lui-même qu'il expose aux regards de l'assistance, comme dit l'abbé de Pure. Sa danse est alors une sorte de métaphore chorégraphique de son personnage solaire.

Or, dans le même temps, avec la même progression, la structure, le genre, du ballet de cour évolue d'une bien étrange manière. À l'origine divertissement de la cour exécuté par les courtisans, spectacle où la cour se contemple elle-même dans l'expression de sa plus parfaite maîtrise du geste, du mouvement, de l'harmonie du corps, il se transforme en l'espace de quinze ans en un *spectacle*, où l'on ne voit plus guère danser que le roi entouré des plus habiles, quatre ou cinq au total, Saint-Aignan, toujours lui, Villeroi, Rassan, le duc d'Enghien, et de danseurs professionnels, Lully, Beauchamp, La Pierre, Dolivet, et quelques autres.

Cette double évolution nous donne un double enseignement, dont il faut mesurer toutes les conséquences.

*

Le premier concerne le royal danseur. Il ne faudrait pas croire que la danse de ce temps soit un exercice facile. Même la simple danse de bal demande de l'habileté et surtout de la précision. À plus forte raison celle du ballet, qui va se faire de plus en plus brillante. En ordonnant aux membres de l'Académie royale qu'il a créée d'inventer un système de notation de la danse, Louis XIV nous a faits nous-mêmes juges de ce qu'il exécutait, et qu'on peut déchiffrer aujourd'hui comme une partition. Les grandes danses royales des derniers ballets devaient être d'une redoutable difficulté technique, avec jetés-battus, tombés-jetés, glissades sur le temps, contretemps... et autres « ornements », comme on disait. Les dernières que prépara Louis XIV, destinées à être exécutées par lui en soliste entouré des plus grands virtuoses, méritaient bien d'être travaillées « à s'en rendre malade ».

Il n'est pas nécessaire d'être un grand habitué des spectacles chorégraphiques pour savoir qu'un médiocre danseur au milieu de bons se remarque comme le nez au milieu du visage : c'est insupportable. Que le roi de France se soit produit sur la scène pendant vingt ans, dans des pièces de plus en plus difficiles, de plus en plus en évidence, c'est le signe indirect mais irréfutable que Louis XIV était exceptionnellement « bon ». On ne se permet pas d'être la risée de la cour quand on est le roi. La manière, toute professionnelle, dont il quitte la scène en 1670 lorsque, justement, la technique commence à dépasser ce dont il est capable en est une preuve de plus, *a contrario*.

*

Le second enseignement que nous apportent le ballet et son évolution est encore plus intéressant, car il dépasse à la fois la personne du roi et le ballet de cour.

Ou plus exactement il nous montre l'interférence de l'un et de l'autre et le dépassement de l'un et de l'autre qui en découle. Cette transformation opérée peu à peu en quinze ans par le roi dans le divertissement favori de la cour a un sens. Dans ce Louis XIV danseur, tout Louis XIV est présent. Sa conception du pouvoir et du gouvernement de son royaume est lisible dans l'inflexion qu'il impose au divertissement même.

Le ballet était à l'origine, et encore en 1650, un spectacle que la cour se donnait à elle-même et auquel elle participait tout entière. C'était elle qui dansait (au naturel dans le bal, déguisée, masquée, travestie dans le ballet...) ; c'était elle aussi qui regardait. Elle *se contemplait* dans une sorte de perfection, de couronnement de son idéal d'harmonie, de grâce, de raffinement physique, dont témoignent les premières pages de *La Princesse de Clèves*, où, durant le bal, M. de Nemours rencontre la jeune femme : « Quand ils commencèrent à danser, il s'éleva dans la

155

salle un murmure de louanges... » Dans le ballet de cour, même comique, les spectateurs se reconnaissent dans les acteurs, qui ne sont que leurs interprètes.

Or, l'évolution du ballet entre 1661 et 1670 consiste, d'une manière précise et continue, en une éviction progressive des gens de cour, au profit du seul Roi-Soleil, consacré vedette, premier sujet, danseur étoile, entouré de professionnels auxquels il a lui-même conféré un statut, en mars 1661, trois semaines après sa prise de pouvoir personnel, par la création de l'Académie royale de danse.

Tout se passe comme si, en quinze ans, la cour avait été exclue de ce qui depuis un siècle était son divertissement favori, et d'acteur était devenue spectateur. *Les Amants magnifiques*, dont l'argument a été dicté par le roi lui-même, comme Molière l'affirme dans sa préface, montre une cour assistant à un spectacle : et la cour de Louis XIV assiste à celui de son roi danseur, dont c'est la dernière apparition sur scène avant sa « retraite », à moins que, déjà dépassé par la difficulté de sa danse, il n'ait renoncé au dernier moment, ce que laissent entrevoir certains documents. Mais peu importe, le sens est le même, la fin du ballet de cour est marquée. C'est, sous forme chorégraphique, une transcription incroyablement précise de ce que Louis XIV a voulu et accompli, durant ces mêmes années, dans le domaine social et politique : la dépossession du rôle actif de la noblesse, réduite à l'état de spectateur de l'Histoire, qui se déroule désormais sans elle, et son remplacement par des professionnels qui ont pour nom Colbert, Le Tellier, Louvois, Pontchartrain...

Saint-Simon ne parle guère de danse ni de ballet dans ses *Mémoires* : il devait les haïr, s'il avait su en déchiffrer la signification symbolique. Sans changer un mot, on peut leur appliquer quelques réflexions particulièrement violentes, où il se plaint de cette dépossession de la noblesse.

Ou plutôt, faisons mieux. Mettons en parallèle l'amertume de l'abbé de Pure regrettant le dessaisissement de la noblesse au profit des « maîtres-à-danser » (qu'il appelle « violons », puisque c'était leur instrument obligatoire) et celle de Saint-Simon désespéré de l'éviction de la même noblesse hors de la politique. Échangez « violons » et « secrétaires d'État », les deux textes s'intervertissent :

« Le peu de réflexion qu'on a fait jusqu'ici sur le mérite et l'étendue d'un si beau divertissement a fait abandonner ce soin à Messieurs les Violons, et en a soustrait l'intelligence et la dextérité aux personnes de condition. Comme si la danse était une connaissance indigne d'un homme de qualité ! »

« Je profitai de l'occasion pour attirer son attention [celle du Dauphin] sur l'arrogance des ministres [...] à travers les insultes des commis des secrétaires d'État et des secrétaires des intendants [...]. Ce prince ne pouvait s'accoutumer qu'on ne pût parvenir à gouverner l'État en tout ou partie, si on n'avait été maître des requêtes... »

*

Entre 1661 et 1670, le Roi-Soleil danse une douzaine de ballets, en tout vingt-neuf rôles, y compris deux apparitions dans des rôles « de composition » dans deux comédies-ballets de Molière : Égyptien et Espagnol, c'est-à-dire, on l'a compris, gitan de fantaisie.

La première vaut qu'on y songe. Le XVIIe siècle n'est jamais tout à fait ce qu'on pense. Louis XIV non plus. À peine a-t-on affirmé quelque chose qu'on est forcé d'avouer que le contraire est vrai...

Voici la participation du Roi-Soleil au *Mariage forcé*, première comédie-ballet de Molière et Lully, jouée, chantée et dansée dans l'appartement de la reine mère au Louvre, le 29 janvier 1664.

Sganarelle (Molière en scène), un barbon de cinquante ans, veut se marier. Il a fait choix, naturellement, de celle qui convient le moins à son âge, la jeune, jolie et coquette Dorimène. Pris de doute, il demande conseil autour de lui, comme on fait dans ce cas-là, c'est-à-dire sans aucune intention d'en tenir compte. Comme il est habituel, personne ne s'aventure à lui parler de ses futures cornes. Soudain apparaissent deux « Égyptiennes » (Mlle de Brie et Mlle Béjart), « chantant et dansant », dit le texte, à qui il s'apprête à demander sa « bonne aventure ».

Entrent alors deux « Égyptiens » danseurs, qui sont le roi et le marquis de Villeroi, et quatre « Égyptiennes », en travesti comme de coutume : le marquis de Rassan et trois « maîtres-à-danser », les sieurs Raynal, Noblet et La Pierre.

Sont donc en scène : Molière et deux de ses comédiennes, le roi, deux marquis et trois professionnels fort connus.

Danse des Égyptiens.

Molière-Sganarelle regarde, et aussitôt s'exclame : « Elles sont gaillardes ! » puis enchaîne :

« SGANARELLE : Voilà qui est bien. Mais dites-moi un peu, suis-je menacé d'être cocu ?

DEUXIÈME ÉGYPTIENNE : Cocu?
SGANARELLE : Oui.
PREMIÈRE ÉGYPTIENNE : Cocu?
SGANARELLE : Oui, si je suis menacé d'être cocu?
Les deux Égyptiennes chantent et dansent : la, la, la...
SGANARELLE : Que diable! Ce n'est pas là me répondre.
Venez çà. Je vous demande à toutes deux si je serai cocu.
SECONDE ÉGYPTIENNE : Cocu, vous?
SGANARELLE : Oui, si je serai cocu?
PREMIÈRE ÉGYPTIENNE : Vous, cocu?
SGANARELLE : Oui, si je le serai ou non?
Les deux Égyptiennes sortent en chantant et dansant : la, la, la...
SGANARELLE, *seul* : Peste soit des carognes... »
Au finale, Lully mènera le bal dans ce que la partition
appelle un « charivari grotesque », au cours duquel
« quatre galants cajolent la femme de Sganarelle », qui est
jouée par la Du Parc (merveilleuse danseuse, d'après ce
qu'on sait, puisque c'était là son emploi avant que Molière
n'en fasse une comédienne), entourée et « cajolée » par le
duc d'Enghien, le duc de Saint-Aignan, Beauchamp,
maître-à-danser du roi, et Raynal.

Voilà donc la distribution et le déroulement de la première comédie-ballet de Molière et de Lully, avec participation comique du Roi-Soleil et, dans la salle, la reine
mère, la reine, et toute la cour.

Deux ans plus tard, dans le *Ballet des Muses*, Molière
insérera sa petite comédie-ballet du *Sicilien*, au cours de
laquelle le roi dansera à nouveau un rôle d'Espagnol, dans
le même registre.

XXIII

Il est vrai que ce sont les deux seules apparitions du roi dans le ton comique après 1661 : ses autres rôles sont et seront de plus en plus héroïques, mythologiques, d'un ton soutenu et d'un style noble. C'est d'ailleurs pourquoi Lully, qui ne danse jamais que des rôles bouffons, ne se produit plus aux côtés du roi au-delà de cette date. Il fut le complice de Louis XIV dans les scènes légères et gaies des années 1650 : désormais leurs carrières de danseurs divergent — du moins celle du roi, car Lully, fidèle à son personnage, continuera à danser un chirurgien grotesque, un goujat, en attendant de chanter et de mimer le Grand Mufti du *Bourgeois gentilhomme.*

*

Mais c'est ce que danse le roi qui nous concerne ici. Que danse-t-il désormais? Comment? Avec qui? Comment déchiffre-t-on la métaphore chorégraphique qu'il renouvelle de ballet en ballet?

Car si un ballet se danse masqué, tout est fait pour que chaque apparition soit aussitôt « décodée ». L'abbé de Pure ne dit qu'une part de la vérité quand il affirme qu'on « danse pour autrui », et qu'on se vide de son moi pour s'identifier complètement à « ce qu'on représente ». Le jeu du ballet de cour n'est pas celui d'un spectacle ordinaire, où l'acteur est un acteur et le spectateur un spectateur. Ici tout le monde sait qui est qui. Cette Henriette d'Angleterre qui joue à être Flore est la même que l'on voit chez la reine, que l'on adore ou dont on médit. En la regardant danser en Flore, on joue à regarder Flore tout en regardant Madame, et en glissant de l'une à l'autre. Le jeu du ballet de cour tient à ce perpétuel va-et-vient entre la personne et le personnage, cet aller et retour incessant, ce dédoublement-assimilation auquel procèdent ensemble celui qui danse et celui qui regarde. Le premier s'exhibe en se dissimulant, à la fois dans son rôle et sous son masque ; il se sait reconnu dans l'un et derrière l'autre, contemplé et admiré, pour ce qu'il est (marquis de Villeroi, duc de Chevreuse, marquise de La Vallière...) et pour ce qu'il n'est pas (berger, égyptien, guerrier, nymphe...).

Ce jeu est si important que quelqu'un est chargé de le souligner d'instant en instant : c'est Isaac de Benserade, le librettiste, qui écrit dans cette intention de petits couplets rimés, les « vers du ballet » que chacun lit dans son programme. Il s'ingénie, souvent avec beaucoup de finesse, à commenter danse après danse ce *rapport* que chaque danseur entretient avec le personnage qu'il figure.

Monsieur, frère cadet du roi, danse au *Ballet de la naissance de Vénus* le rôle de Phosphore, l'étoile du matin. Qu'écrit Benserade ?.

Clarté qui dans le ciel n'êtes pas la première...

Entre alors Madame, depuis peu son épouse :

> *L'adorable Vénus aussi ne pouvait pas*
> *choisir une meilleure étoile...*

La princesse d'Harcourt danse le rôle de la Beauté :

> *Une jeune blonde à côté*
> *Nous éblouit par sa blancheur extrême.*
> *Elle fait si bien la Beauté*
> *Qu'on pourrait dans la vérité*
> *La prendre pour la beauté même.*

Ainsi les « vers du ballet » sans cesse commentent, glosent, interprètent, transcrivent en clair ce qui se voit, se chante et se danse.

Benserade est si habile qu'il peut oser dire en vers à un grand seigneur qu'il est laid, mais qu'il danse bien :

> *Et comme enfin la beauté passe*
> *La laideur même passe aussi...*

Ainsi, dans ce spectacle, on est soi et l'autre, personne et personnage. De ballet en ballet, on navigue d'un rôle à un autre, on passe et on change.

Tous, sauf le roi. Son image au contraire, danse après danse, se précise, se resserre. Héros : Renaud en 1664, Alexandre en 1665, Cyrus en 1666. Dieu : Jupiter un

162

moment plus tard dans le même *Ballet des Muses*; le Soleil en 1669 dans celui de *Flore*; Neptune en 1670 dans *Les Amants magnifiques*, et, pour finir, Apollon.

*

Dans le *Ballet des Arts* de 1663, il n'est encore qu'un berger. Au prologue, la Paix et la Félicité chantent en duo (paix avec l'Espagne, mariage du roi...) et décryptent la métaphore pastorale :

> *Les bergers sont comme des rois*
> *Les bergères comme des reines...*

Berger (au singulier) et bergères (au pluriel) ont en effet quelque chose à voir avec les rois et les reines. Louis XIV est le berger; autour de lui, on voit Madame (Henriette d'Angleterre), Mlle de Saint-Simon, Mlle de Roche-chouart-Mortemart (future Mme de Montespan, dans quelques mois), Mlle de La Vallière (elles dansent côte à côte, celle-là encore modeste, celle-ci encore aimée...), Mlle de Sévigné (future Mme de Grignan et destinataire des *Lettres...*).

Et voici ce qu'écrit Benserade :

Pour le roi :

> *Voici la gloire et la fleur du hameau.*
> *Nul n'a la tête et si belle et mieux faite;*
> *Nul ne fait mieux redouter sa houlette,*
> *Nul ne sait mieux comme on garde un troupeau.*

Pour la première bergère :

> *Quelle bergère, quels yeux*
> *À faire mourir les dieux !*

C'est Madame avec ses yeux de braise...
Pour la deuxième bergère :

> *Je ne pense pas que dans tout le village*
> *Il se rencontre un cœur mieux placé que le sien.*

C'est La Vallière. « Cœur mieux placé » : comment l'entendez-vous ?
Pour la troisième bergère :

> *Un berger qui soit digne d'elle*
> *N'est-ce pas tout ce qu'il lui faut ?*

C'est Montespan. On commence à parler de son mariage.

Et ainsi de suite, avec, pour le roi, l'identification de plus en plus forte de sa majesté et du rôle qu'il interprète.

Après le ton léger du *Ballet des Arts*, celui des *Amours déguisés* en 1664 (trois semaines après la mascarade du *Mariage forcé*...) marque une étape vers plus de noblesse et de grâce. Le roi y figure Renaud, le héros du Tasse. La reine Marie-Thérèse y fera une fugitive apparition.

En 1665, avec le *Ballet de la naissance de Vénus*, le roi et Henriette d'Angleterre dansent ensemble les rôles d'Alexandre et de Roxane.

Benserade ose en vers ce que l'on ne peut dire :

Pour le roi :

... Et le prince accompli qui l'eut pour son épouse
Se crut la possédant maître de l'Univers.

Pour Madame :

Elle-même copie Alexandre le Grand
Elle entasse toujours conquête sur conquête
Et ne veut rien garder de tout ce qu'elle prend...

L'année suivante, le *Ballet des Muses* se veut l'apothéose du genre, et il l'est sans doute par ses dimensions et sa diversité. On y verra sept fois le roi, en berger (accompagné encore de Madame, de La Vallière et de Montespan...), en poète, en nymphe, en gitan, mais surtout en Cyrus (celui du roman de Mlle de Scudéry, pas le roi des Perses...) accompagné de la belle Mandane.

En 1669, le dernier des grands ballets de cour, celui de *Flore*, dansé dans le grand salon des Tuileries, mettra en scène le roi, figurant le Soleil, qui appelle à lui les Éléments, fait paraître Flore. Ce devait être Henriette d'Angleterre. Tout le ballet avait été conçu pour elle, pour son duo avec Louis XIV. Mais Madame n'est déjà plus que l'ombre d'elle-même, et elle est enceinte. La duchesse de Sully la remplace, tandis que La Vallière danse, une dernière fois elle aussi, le rôle d'une nymphe.

XXIV

Et la reine ?

Non, la reine ne danse pas.

Elle a fait une petite apparition au prologue de l'*Ercole amante* donné aux Tuileries en l'honneur de son mariage. Sur l'immense scène à machines tout juste construite par Vigarani, on avait vu descendre un grand nuage (ce qu'on appelait une « gloire ») qui s'ouvrait à mesure qu'il descendait, et dont sortaient la reine, représentant la Maison d'Autriche, accompagnée de l'Hymen (le duc de Bourbon) et de l'Amour (Monsieur), tandis que le roi représentait évidemment la Maison de France, accompagné de la Valeur (le comte de Saint-Aignan). Du même nuage, sortaient également quatorze dames, duchesses et comtesses, qui se mettaient à virevolter sur la scène, autour de Leurs Majestés, réduits l'un et l'autre sans doute à un rôle de figuration hiératique.

Deux ans plus tard, le 13 février 1664, on tenta de faire danser à Marie-Thérèse, dans le *Ballet des Amours déguisés*, le rôle de Proserpine, avec autour d'elle huit de ses filles d'honneur. Il n'y aura plus d'autre participation de la reine à un ballet de cour : il semble qu'on n'ait pas songé à renouveler l'expérience... Ce jour-là, Benserade, dont la plume agile a toujours un mot à dire sur la beauté et la grâce de celui ou de celle qui danse, a bien l'air de se battre les flancs pour trouver un peu d'inspiration en considérant cette Proserpine entourée des charmants démons que sont la comtesse de Soissons, Mlle de Nemours, de Montausier, d'Arquien, les duchesses de Créqui, de Luynes et Mlle de Foix :

> *Une si grande reine est digne d'un grand roi*
> *Qui de tant de démons fait des sujets fidèles,*
> *Et ses charmants regards ont pleinement de quoi*
> *Fournir à l'entretien des flammes éternelles.*

Il a si peu à dire sur elle qu'il ne peut parler que des diamants dont elle est couverte et de sa robe immaculée qui contraste évidemment avec le noir décor des Enfers :

> *Brillante comme elle est non sans raison, je doute*
> *Que sa blancheur extrême et sa vivacité*
> *Dans le profond abîme où chacun ne voit goutte*
> *Puisse être compatible avec l'obscurité.*

Pauvre Marie-Thérèse... Son absence à tous ces ballets où brillent Madame, La Vallière, Montespan, et où le roi fait figure de danseur étoile, a quelque chose d'affligeant. Non seulement elle était petite et boulotte, sans grâce et, n'en déplaise à Benserade, sans vivacité, mais tout laisse à penser qu'elle n'a pas eu même le souci d'apprendre cette chose française qu'était la danse de cour, pas plus qu'elle n'a mis d'acharnement à étudier la langue du pays dont elle était reine. Durant des années, elle n'a compris qu'à demi ce qui se disait autour d'elle, truffant ses phrases d'espagnol et sans jamais perdre son accent. Qu'est-ce qu'une reine de France qui ne peut pas tenir cercle autour d'elle, faire la conversation et répondre aux mots d'esprit qu'elle ne saisit pas? Réduite à une sorte de rôle muet, elle s'est isolée dans une situation de figurante, lourdaude et pataude, petite fille attardée prolongeant à l'espagnole ses grasses matinées, buvant du chocolat à la cannelle, jouant avec ses nains et ses petits chiens, disant des patenôtres, ne sortant de son apathie que pour jouer à l'hombre, au reversi, à la bassette et au trictrac, et perdant toujours.

On raconte qu'un jour elle manqua la messe (même la messe!) pour une partie de cartes qu'il fallait finir, et qu'une autre fois le roi faillit se fâcher à cause de l'énormité des sommes qu'elle avait perdues. Ce qui est triplement révélateur, car premièrement Louis XIV ne manifestait jamais son irritation envers une dame; deuxièmement, quelle que fût la somme, ce n'était pas grave, Mme de Montespan coûtait autrement cher; il ne reste plus que la troisième explication, qui est l'agacement devant la sottise qui, un instant, démange.

Mais il y a beaucoup plus grave. Qu'elle n'ait pas su tenir une conversation, ce qui est pourtant la moindre des choses à la cour de France; qu'elle n'ait pas su, comme sa belle-mère Anne d'Autriche, maintenir autour d'elle la tradition du « cercle de la reine » et y briller, c'est évidemment dommage. Si l'on a saisi l'importance symbolique qu'avait le ballet, et surtout celle qu'il pouvait avoir dans l'esprit de Louis XIV; et qu'auprès d'un roi qui se voyait et se voulait au centre de la chorégraphie au sens propre comme au figuré et au politique, elle n'ait pu incarner l'élégance et l'harmonie qu'impliquait son rang et qu'on attendait d'elle, c'est plus regrettable encore. Mais la voir manquer à sa fonction royale, par indolence ; la voir, par paresse mais aussi par manque de jugement, s'abstenir dès qu'elle le peut de représenter (tout est théâtre) l'indispensable moitié féminine de la monarchie, c'est impardonnable, et surtout aux côtés d'un roi qui a placé si haut ce « devoir de représentation ». Qu'on en juge par un seul exemple, et par ce qui s'ensuit.

Tous les ans, le Jeudi saint, avait lieu dans les paroisses comme dans les cathédrales une cérémonie particulière, le Lavement des pieds, en mémoire d'un épisode que raconte l'Évangile. Dépassant le geste traditionnel de l'hospitalité orientale, le Christ, lors du dernier repas avec ses disciples, s'était agenouillé devant eux et leur avait lavé les pieds. La liturgie chrétienne s'était emparée de ce beau symbole, que les prêtres et les évêques renouvelaient chaque année cérémonieusement envers douze mendiants. Or, chaque Jeudi saint également, à Saint-Denis, le roi accomplissait le même rituel et, tel un religieux — c'est le point essentiel —, lavait les pieds de douze pauvres ; la reine, à ses côtés, lavait ceux de douze pauvresses. Il faut mesurer l'importance, et la beauté, de ce rituel royal. Au geste du Christ s'humiliant volontairement devant ses disciples, répondait une humiliation rituelle des souverains devant les plus humbles et les plus misérables de leurs sujets. Plus encore : le roi et la reine solennisaient ensemble le caractère religieux de leur fonction royale, puisqu'ils accomplissaient le même cérémonial que, dans les paroisses et les cathédrales du royaume, le même jour et au même moment, les religieux, prêtres et prélats. Aucun roi de France, aucune reine n'y avait jamais manqué.

Mais le Jeudi saint de 1661, Marie-Thérèse, reine de France depuis quelques mois, se dit fatiguée, et demeura douillettement dans ses appartements. Paresse, indolence ? C'est possible. Fatigue de sa grossesse (le dauphin naîtra le 1er novembre)? Possible aussi. Ou bien dédain, un tel rituel heurtant la conception espagnole, plus hautaine, de la monarchie, qui ne s'abaisse pas devant le petit peuple? Possible encore. Pourtant Anne d'Autriche ne s'était pas abstenue... Quelle que soit l'explication, l'attitude de Marie-Thérèse est désolante. Mais voyez la suite : c'est Henriette d'Angleterre qui officia à sa place et lava les pieds des pauvresses, tandis que se chantait dans le chœur de Saint-Denis l'antienne liturgique : « *Tu lavasti pedes...* Vous avez lavé les pieds de vos disciples, ne méprisez pas l'ouvrage de vos mains... »

*

Ainsi donc, Madame tient la place de la reine absente, lors d'une cérémonie religieuse au caractère particulièrement symbolique.

C'est elle aussi qui va danser aux côtés du roi, en duo, dans une scène on ne peut plus profane, mais bien symbolique également : Alexandre et Roxane, au *Ballet de la naissance de Vénus*.

Ce rapprochement est-il déplacé? Il est au contraire singulièrement éclairant, non seulement sur les rapports de Louis XIV avec sa belle-sœur, mais surtout sur une question que l'on pose rarement.

Que faut-il à un roi de gloire et qui se veut Soleil, sinon d'abord une reine qui puisse briller autant que lui? Et que peut-on répondre, si ce n'est que Louis XIV ne l'a pas eue?

Sa relation avec les femmes, toutes celles qui vont se succéder et même coexister au long de sa vie, et de son règne, est incompréhensible si l'on n'a pas senti d'abord ce manque, cette présence en creux, cette présence-absence d'une reine qui n'a su ni par son physique, ni par son intelligence, ni, quoi qu'on dise, par sa bonté, ni par son goût, ni par son sens artistique, ni même parfois, on vient de le voir, par sa simple présence, remplir son rôle. Elle a eu six enfants. Un seul survécut; cela suffit pour faire un dauphin. Mais est-ce à cela que se limite le rôle d'une reine de France?

Comment allier un Roi-Soleil et une potiche? On n'a pas tout dit quand on explique les amours du roi par son tempérament, par son appétit, par sa boulimie, par son égocentrisme. Le choix des femmes qu'il a désirées est clair par lui-même. Durant toute sa vie, et durant tout son règne, il s'est cherché une reine de substitution.

La première fut Henriette, qui officiait à Saint-Denis. Entre le Jeudi saint où elle remplaça la reine et ce que va être le séjour à Fontainebleau, il n'y a pas deux mois d'intervalle.

XXV

Voyez les dates. Le mariage du roi et de Marie-Thérèse a eu lieu le 9 juin 1660, l'entrée à Paris le 30 août. Mazarin est mort le 9 mars suivant. Le 31 mars, dans une relative intimité, puisqu'on est en carême, Henriette d'Angleterre épouse Monsieur. À peine est-elle Madame, qu'elle officie à Saint-Denis, comme nous venons de le voir. Le 19 avril, départ pour Fontainebleau, où la cour va demeurer tout le printemps et une grande part de l'été. C'est durant ces semaines qu'elle va devenir le cœur, le centre de la vie de la cour, dans une intimité avec le roi qui va étonner, puis faire jaser, puis scandaliser.

Dès le début de mai « elle disposait, dit Mme de Motteville, de toutes les parties de divertissement. Elles se faisaient toutes pour elle, et il paraissait que le roi n'y avait de plaisir que celui qu'elle en recevait ». Le 8 mai, divertissement sur le canal, avec ce que Haendel appellera plus tard *Watermusic*. Le 9, bal et collation. Le 10, chasse, promenade sur le canal « que des concerts rendaient tout à fait délicieuse » (deux jours plus tard, le 12 mai, Lully recevra son brevet de surintendant de la Musique du roi).

Et ainsi de suite, festivité chaque jour, et « elles se faisaient toutes pour elle ».

On a le sentiment d'une sorte de coup de foudre. Car elle revenait de loin, Henriette, pour ce qui est de l'admiration du roi. Durant toute sa jeunesse, il avait eu pour elle « une grande aversion ». Elle avait failli devenir son épouse : il l'avait refusée. En 1655, lors d'un bal à la cour, dont nous avons vu que l'ordonnance était si stricte, il avait invité la duchesse de Mercœur pour ouvrir la danse. La reine mère avait bondi, tancé son fils à mi-voix, menacé d'interrompre le bal. Contraint et dédaigneux, Louis avait fait danser Henriette et proclamé le soir qu'il « n'aimait pas les petites filles ». Toujours la danse comme révélateur... Elle continue d'ailleurs à jouer ce rôle en nous montrant le roi et Henriette dansant ensemble dans le *Ballet des saisons*, au milieu des jets d'eau et des décors mobiles construits par Vigarani au bord de l'étang : « L'on répétait alors un ballet que le roi et Madame dansèrent, et qui fut le plus agréable qui ait jamais été, soit par le lieu où il se dansait, qui était le bord de l'étang, ou par l'invention qu'on avait trouvée de faire venir du bout d'une allée le théâtre tout entier, chargé d'une infinité de personnes qui s'approchaient insensiblement, et qui étaient éclairées par des faunes qui faisaient une entrée, en dansant devant le théâtre. »

Henriette d'Angleterre était maigre. Disons plus exactement qu'elle était mince et svelte ; mais au XVIIe siècle, c'est tellement un défaut qu'on dit « maigre ». Elle n'avait pas le dos droit, ce qui est aussi un défaut, et, quand on ne l'aime pas, comme c'est le cas de Mlle de Montpensier, on dit qu'elle est « bossue ». Elle a un visage long, et un long nez. Quand il avait été question de son mariage avec Monsieur (à peine quelques mois auparavant), Louis XIV avait dit à son frère : « Vous épousez la princesse d'Angleterre parce que personne n'en veut », et, à la veille du mariage (quelques semaines...), plus méchamment encore : « Vous allez épouser tous les os des Saints-Innocents » (le cimetière, bien sûr...).

Tout à coup, la voici qui trône. Monsieur, qui pourtant ne l'aime pas — quelle femme aimerait-il ? —, est déjà jaloux. Mais voilà : les yeux de Madame sont « pleins du feu contagieux que les hommes ne sauraient fixement observer sans en ressentir l'effet ». C'est l'abbé de Choisy qui parle. Écoutez la suite : c'est la plus belle description qu'on ait jamais faite d'un regard de femme. Ces yeux « paraissaient eux-mêmes atteints du désir de ceux qui les regardaient. Jamais princesse ne fut si touchante, ni n'eut autant qu'elle l'air de vouloir bien que l'on fût charmé du plaisir de la voir. Quand quelqu'un la regardait, et qu'elle s'en apercevait, il n'était plus possible de ne pas croire que ce fût à celui qui la voyait qu'elle voulait uniquement plaire ».

C'est ce que nous appelons le « charme » : mais il faudrait, pour être juste, rendre à ce mot un peu de sa nuance magique. « Charmer », c'est enchanter, ensorceler, envoûter, ravir. Apparemment c'est l'effet que produisaient les yeux de Madame, non seulement sur l'abbé de Choisy, facile à ravir, mais sur tout le monde. Outre les yeux, il y avait l'esprit, l'intelligence, l'art de dire ce qu'il faut, quand il faut, comme il faut. Choisy encore : « Elle avait tout l'esprit qu'il faut pour être charmante, et tout celui qu'il faut pour les affaires importantes. » Et encore le goût, et l'amour des arts. Molière comprendra vite. Racine aussi, qui va lui dédier *Andromaque*, avec des mots qui dépassent l'habituelle flatterie conventionnelle de ce genre, et qui nous prouvent qu'ils ont déjà et souvent parlé littérature :

« On savait que VOTRE ALTESSE ROYALE avait daigné prendre soin de la conduite de ma tragédie ; on savait que vous m'aviez prêté quelques-unes de vos lumières pour y ajouter de nouveaux ornements ; on savait enfin que vous l'aviez honorée de quelques larmes dès la première lecture que je vous en fis [...] mais, MADAME, ce n'est pas seulement du cœur que vous jugez de la bonté d'un ouvrage, c'est avec une intelligence qu'aucune fausse lueur ne saurait tromper. [...] On sait, MADAME, et VOTRE ALTESSE ROYALE a beau s'en cacher, que dans ce haut degré de gloire où la nature et la fortune ont pris plaisir de vous élever, vous ne dédaignez pas cette gloire obscure que les gens de lettres s'étaient réservée. [...] La cour vous regarde comme l'arbitre de tout ce qui se fait d'agréable. Et nous, qui travaillons pour plaire au public, nous n'avons plus que faire de demander aux savants si nous travaillons selon les règles ; la règle souveraine est de plaire à VOTRE ALTESSE ROYALE. »

La dernière phrase de cette préface pourrait paraître un peu banale, du genre de celles qu'on écrit dans ce temps-là pour conclure une dédicace : ce serait mal juger. Elle est profonde et sincère. Racine resta d'ailleurs toujours le poète préféré de Madame. Ce n'était pas un mauvais choix, si l'on se rappelle que la plupart de ses contemporains lui préféraient Quinault, Chapelain ou Thomas Corneille. Son goût pour Racine et les discussions que l'on avait alors sur la valeur de ce tout jeune tragédien face au vieux Pierre Corneille lui donnèrent même une bien mauvaise idée : celle de souffler à l'un et à l'autre le même sujet de *Bérénice*. Ce sujet, d'ailleurs, la touchait de près. On pense toujours à Marie Mancini en écoutant

> *Vous êtes empereur, Seigneur, et vous pleurez...*

mais n'est-ce pas aussi à elle que ce vers, cette situation, cette tragédie se rapportent ? Et quand Racine écrit

> *Maître de l'univers, je règle sa fortune ;*
> *Je puis faire des rois, je puis les déposer :*
> *Cependant de mon cœur je ne puis disposer...*

quelles larmes songe-t-il à faire couler ? Ne serait-ce pas les mêmes que celles auxquelles songe, en même temps, le vieux Corneille :

> *Et j'allais être heureux, du moins aux yeux de tous,*
> *Autant qu'on le peut être en n'étant point à vous...*

Mais ce duel poétique et théâtral entre un Corneille de soixante-dix ans et un Racine de trente était injuste et inégal. Car ce fut bien cela. « *Bérénice* fut un duel, écrit Fontenelle. Une princesse fort touchée des choses de l'esprit et qui eût pu les mettre à la mode dans un pays barbare, eut besoin de beaucoup d'adresse pour faire trouver les deux combattants sur un champ de bataille sans qu'ils sussent où on les menait. Mais à qui demeura la victoire ? Au plus jeune. »

*

C'est ainsi qu'à Fontainebleau, au premier printemps et au premier été après sa prise de pouvoir, Louis XIV a placé au cœur de cette première fête — qui apparaît, avec le recul du temps, comme un premier brouillon, encore informe, de ce que seront trois ans plus tard *Les Plaisirs de l'île enchantée* — une femme qui fût digne de lui, capable de figurer en beauté comme sur un piédestal, dans la posture d'une reine.

Mme de La Fayette raconte très bien les choses :

« Madame y porta la joie et les plaisirs. Le roi connut, en la voyant de plus près, combien il avait été injuste en ne la trouvant pas la plus belle personne du monde. Il s'attacha fort à elle et lui témoigna une complaisance extrême.

« C'était au milieu de l'été. Madame s'allait baigner tous les jours ; elle partait en carrosse, à cause de la chaleur, et revenait à cheval, suivie de toutes les dames, habillées galamment, avec mille plumes sur leur tête, accompagnée du roi et de toute la jeunesse de la cour. Après souper, on montait dans les calèches, et au bruit des violons on s'allait promener une partie de la nuit autour du canal.

« L'attachement que le roi avait pour Madame commença à faire du bruit et à être interprété diversement [...]. [Madame] ne pensa plus qu'à plaire au roi comme belle-sœur. Je crois qu'elle lui plut d'une autre manière ; je crois aussi qu'elle pensa qu'il ne lui plaisait que comme beau-frère, quoiqu'il lui plût peut-être davantage. Mais enfin, comme ils étaient tous deux infiniment aimables et tous deux nés avec des dispositions galantes, qu'ils se voyaient tous les jours au milieu des plaisirs et des divertissements, il parut aux yeux de tout le monde qu'ils avaient l'un pour l'autre cet agrément qui précède d'ordinaire les grandes passions.

« Cela fit beaucoup de bruit à la cour [...]. Ce bruit s'en augmenta fort, et la reine mère et Monsieur en parlèrent si fortement au roi et à Madame qu'ils commencèrent à ouvrir les yeux et à faire peut-être des réflexions qu'ils n'avaient point encore faites. Enfin, ils résolurent de faire cesser ce grand bruit, et, par quelque motif que ce pût être, ils convinrent entre eux que le roi serait l'amoureux de quelque personne de la cour... »

Gardons l'agenda bien précisément en tête. Nous ne sommes encore qu'en juillet 1661. Tout se déroule à une vitesse incroyable. À peine Madame est-elle installée dans son rôle que déjà voici poindre Mlle de La Vallière, deuxième reine par défaut. Reine de cœur, celle-là.

XXVI

Dans cette quête de la reine absente, le seul épisode où l'amour et le hasard aient faussé le jeu, c'est celui de La Vallière. En continuant à tremper sa plume dans l'encrier de Marivaux, on pourrait l'intituler *La Surprise de l'inconstance*.

Henriette et Louis, pour faire taire les ragots, avaient imaginé de mettre entre eux ce que Musset appellera un « chandelier » : une fausse piste pour les bavards. Que Dorante fasse semblant de courtiser Lisette, et personne ne s'étonnera de sa trop constante présence auprès de la comtesse Dorimène. Quel danger? Une soubrette n'est qu'une soubrette. Une fille d'honneur de Madame n'est qu'une fille d'honneur, et La Vallière n'est pas autre chose. Elle est exactement ce qui convient : un peu blonde, un peu pâle, un peu boiteuse, un peu naïve, un peu tendre. On savoure ce jeu, on en goûte la finesse, on en aime même les artifices. On marivaude. Mais Marivaux n'est pas ce qu'on croit, ses jeux sont toujours à double fond, et voici qu'au milieu de la partie on tombe sur un cœur sincère. Qui s'attendait à cela? Avec plus que de l'étonnement, avec une véritable stupeur, on découvre une candeur qui n'est pas feinte, une naïveté qui ne ment pas, un amour qui n'a pas d'arrière-pensées. Mme de La Fayette, comme à son habitude, n'a besoin que d'une phrase pour peindre la surprise du roi : « Elle l'aimait si fortement, qu'elle l'eût aimé autant s'il avait été simple gentilhomme et elle une grande reine. »

Surprise... Plus encore : le charme délicieux de la surprise. Pour la première fois, Louis XIV, Roi-Soleil, découvre par le hasard d'une intrigue pourtant savamment calculée, qu'on peut l'aimer lui-même sans tenir compte de sa couronne, qu'on peut oublier en l'aimant qu'il est roi, que sa royauté n'est qu'un charme de plus, au même titre que sa prestance, que la vivacité de ses yeux ou que son sourire. Qui l'aurait cru? Est-ce possible?

« Ah! ma chère Lisette! Que viens-je d'entendre? Tes paroles ont un feu qui me pénètre; je t'adore, je te respecte. Il n'est ni rang, ni naissance, ni fortune qui ne disparaisse devant une âme comme la tienne; j'aurais honte que mon orgueil tînt encore contre toi; et mon cœur et ma main t'appartiennent »... (*Le Jeu de l'amour et du hasard*, acte III, scène 8).

Bien entendu, la comtesse Dorimène se scandalise que Dorante puisse s'éprendre de Lisette; elle aura quelques mots assez durs à son égard. Mais là n'est pas la question. Ce qui compte, c'est cette incroyable découverte, que dans un domaine où on ne l'attendait pas, et lui moins que tout autre, la double image de Louis se trouve brusquement à la fois départagée et réconciliée. Entre celui qui est la source de toutes les gloires, et qui est toute gloire à lui seul, qui est la cause et le principe de tous les honneurs, de toutes les richesses et de tous les pouvoirs et celui qui n'est qu'un homme, c'est à celui-ci, et non à l'autre, que s'adresse Louise de La Vallière. Voilà donc le jeu faussé : et le roi, qui cherchait, au-delà de sa quête d'une reine de substitution, une diversion aux ragots de la cour, découvre l'amour. Quand on est roi de France et l'époux d'une infante d'Espagne, on n'est évidemment pas libre de sa main, comme est Dorante, mais on peut l'être de son cœur. Louis XIV donne le sien à Louise de La Vallière, sincèrement, nous n'avons pas le droit d'en douter, autant du moins que sa nature le pouvait.

*

L'étonnant dans cette aventure est que, aussitôt l'amour découvert par les intéressés, il faut le cacher... Louise de La Vallière avait été choisie pour être montrée et faire ainsi diversion : ils vont devoir jouer immédiatement double jeu. Premier temps, on se montre, en feignant le secret, pour que la galerie en cause. Et puis le secret feint devient un vrai secret, et on se cache. « Cependant, l'attachement du roi pour La Vallière augmentait toujours ; il faisait beaucoup de progrès auprès d'elle. Ils gardaient beaucoup de mesures. Il ne la voyait pas chez Madame et dans les promenades du jour, mais à la promenade du soir, il sortait de la calèche de Madame et s'allait mettre près de celle de La Vallière, dont la portière était abattue, et comme c'était dans l'obscurité de la nuit, il lui parlait avec beaucoup de commodité. »

Ce « beaucoup de commodité » ne fut bientôt plus suffisant. L'indispensable Saint-Aignan, par sa fonction de

Premier gentilhomme, avait une chambre au château ; il la prêta.

Il s'ensuivit tout ce qu'on sait : quatre enfants, dont la charmante Mlle de Blois. Quelques plaisirs, et d'abord ceux de *L'Île enchantée*, beaucoup de tristesse. Deux fuites vers le couvent de Chaillot, avant une longue retraite de carmélite, qui ne s'acheva qu'en 1710.

Il y a ce qu'on sait moins. Les naissances en cachette, sur lesquelles veille Colbert, celles qui se font dans l'angoisse, le temps que les courtisans sont à la messe (« Dépêchez-vous, je veux être accouchée avant son retour »), les perfidies, les humiliations, l'abominable coexistence avec sa rivale. Pour cela, Louise de La Vallière était trop sensible et trop sincère.

Une comédie de Marivaux n'est une comédie tendre que parce que le rideau tombe suffisamment tôt. Dorante a aimé qu'on l'aime. Il a aimé la surprise de l'amour. Mais que deviendra Lisette quand le charme de la surprise sera dissipé et que Dorante se ressouviendra qu'il est comte ? Que fera-t-il si Lisette n'est que douce et discrète ? Il n'y a toujours pas de reine brillante aux côtés du Roi-Soleil. Henriette d'Angleterre étincelle encore (pour si peu de temps...), mais sa place n'est pas, ne peut pas être celle de la reine par défaut. Il faut donc bien qu'arrive à la fin la Montespan, car elle seule a tout : en plus de la beauté, de l'esprit, de l'éclat, et de toute la sensualité nécessaire, une sorte de royauté innée.

XXVII

Elle correspond si exactement à ce que, sans le savoir bien clairement, le roi, la cour, tout le monde attendait, que dans leurs *Mémoires* ou dans leurs lettres, les contemporains ne cessent de s'étonner, et même de trahir de petites arrière-pensées cocasses et bien révélatrices : et celle qui le fait le mieux, celle qui livre du premier coup toutes les idées qu'on a ou qu'on n'a pas, c'est en une demi-phrase, Mme de Sévigné. C'est si fort qu'on croirait un énorme lapsus... Elle écrit : « C'est une beauté à faire admirer à tous les ambassadeurs. » En dix mots, voilà Mme de Montespan installée sur son trône, et sa fonction parfaitement définie : faire éclater la gloire du roi en étant la plus belle femme du royaume, et faire en sorte que soit dépêchée dans le monde entier par les courriers diplomatiques l'annonce de la splendeur du règne, puisqu'une telle beauté est là pour le prouver, et que les ambassadeurs ne sont là que pour l'admirer, en témoigner et en rendre compte à leurs maîtres. D'ailleurs la belle Athénaïs le savait bien elle-même, et la naïveté avec laquelle elle dit la chose est proprement désarmante. Un jour qu'elle est déprimée, accablée justement par cette obligation de « représentation », par cette royauté qu'elle doit occuper sans être reine, elle se plaint du roi. Voici ce qu'elle dit : « Il se croit seulement *redevable au public* [c'est moi qui souligne] d'être aimé de la plus belle femme du royaume. » C'est ainsi donc qu'elle se voyait.

Si Louise de La Vallière ne répondait pas exactement aux canons de la beauté du temps, Athénaïs, elle, avait tout : les cheveux blonds, « de grands yeux bleu d'azur », un bel embonpoint, une gorge superbe ; enfin tout. Et le reste : l'esprit, la repartie vive, le sens du trait, le mordant, la vivacité. C'est d'ailleurs par là qu'elle a conquis le roi. Quand il venait visiter Marie-Thérèse, dans ses appartements où régnait l'ennui et où elle était fille d'honneur, elle étincelait. Un rien précieuse (son prénom, qui n'est qu'un surnom précieux, digne des Arthénice, des Mélanide et des Climène ; elle s'appelait tout simplement Françoise), mais pas plus qu'il ne faut. Elle a séduit son esprit avant son désir. Elle le fit attendre longtemps.

D'ailleurs, au dire de Mme de Caylus, « loin d'être née débauchée, son caractère était naturellement éloigné de la galanterie et porté à la vertu. Son projet avait été de gouverner le roi par l'ascendant de son esprit : elle s'était flattée d'être maîtresse non seulement de son propre goût, mais de la passion du roi. Elle croyait qu'elle lui ferait toujours désirer ce qu'elle avait résolu de ne lui point accorder. »

Primi Visconti dit le contraire : « Belle, spirituelle et railleuse, elle ne plut pas d'abord au roi. Il arriva même un jour à celui-ci d'en plaisanter à table avec Monsieur, son frère, et comme elle paraissait mettre de l'affectation à lui plaire, il aurait dit : "Elle fait ce qu'elle peut, mais moi je ne veux pas". »

Les deux contiennent à coup sûr les deux faces de la vérité : la relation du roi et de Mme de Montespan est dès le premier moment, et sera toujours, et jusqu'au dernier, celle de deux volontés tendues et de deux orgueils.

Pendant dix ans, ils ne vont cesser de se quereller, de ne plus se supporter, de se retrouver, de « chicaner » (c'est le mot de Mme de Sévigné) et de se réconcilier au lit, à la fois sur le mol oreiller et sur un trait sarcastique, dont quelqu'un à la cour ignore qu'à cet instant il vient d'être transpercé, inconsciente victime du raccommodement. C'est que, très vite, Athénaïs a pris au sérieux le mot « maîtresse ». Bien au-delà des gracieuses métaphores amoureuses, *Du cœur d'Assuérus souveraine maîtresse*, elle entendait bien gouverner aussi son esprit. L'orgueil, chez une Mortemart, remontait loin, très loin, jusqu'à un temps où les ancêtres du Roi-Soleil n'étaient rien que de petits vassaux invisibles de haut : Hugues Capet, ce parvenu... Mais si Louis avait un principe, c'était bien celui de n'être pas gouverné par une femme.

Quel roi a jamais osé faire à ses ministres réunis en conseil une déclaration semblable à celle-ci ? Il a vingt-six ans : « Je suis jeune et les femmes ont ordinairement bien du pouvoir sur ceux de mon âge. Je vous ordonne à tous que, si vous remarquez qu'une femme, quelle qu'elle puisse être, prenne empire sur moi et me gouverne, vous ayez à m'en avertir. Je ne veux que vingt-quatre heures pour m'en débarrasser. »

L'altière Montespan, « Junon tonnante et triomphante », comme l'appelle Mme de Sévigné, était assez intelligente pour évaluer cette limite, et le château de Clagny, où elle régnait, suffisait à son orgueil; mais quelques papillons plus innocents se brûleront les ailes : la ravissante Fontanges ou la tendre chanoinesse de Ludres, qui virevoltèrent un instant en se croyant « souveraines maîtresses »...

Pour La Vallière, Saint-Aignan avait prêté sa chambre; pour Montespan, ce fut Mme d'Heudicourt, elle aussi fille d'honneur. Dans l'un et l'autre cas, le secret. Ce fut en juin 1667, pendant la guerre de Dévolution. La cour était en campagne, comme d'habitude. « Elle [Mme de Montespan] logeait chez Mme de Montausier, dans une de ses chambres qui était proche de la chambre du roi, et l'on remarqua qu'à un degré qui était entre eux deux, où l'on avait mis une sentinelle à la porte qui donnait à l'appartement du roi, on la vint ôter, et elle fut toujours en bas. » « La première fois que le roi la vit en particulier, ce fut par une surprise à laquelle elle ne s'attendait pas elle-même. Mme d'Heudicourt couchait toujours avec elle, et, un soir que Mme de Montespan était couchée la première, Mme d'Heudicourt (qui était dans la confidence) sortit de la chambre où le roi entra, déguisé en suisse de M. de Montausier. »

Le Roi-Soleil déguisé en garde suisse? Entrant en cachette sous ce déguisement dans une chambre de l'appartement d'une *dame* d'honneur, et où logent deux *filles* d'honneur, dont l'une est sortie à propos, alors que la sentinelle officielle avait, elle, été priée de regarder ailleurs?... On en vient à croire qu'Alexandre Dumas n'a jamais exagéré, et même que la fertilité de son imagination était légèrement inférieure à celle de la réalité. Mais en quoi le Roi-Soleil ne s'est-il pas déguisé ? Dans les ballets qu'il dansait à treize ans il avait dansé « un filou ivre traîneur d'épée », puis une bacchante, plus tard un galant, un Maure, et, bien entendu, le Soleil levant. À peine quelques mois plus tôt, Mme de Montespan et le roi dansaient ensemble, déguisés cette fois en berger et en bergère, dans le *Ballet des Muses* ; à leurs côtés, il y avait Madame, et La Vallière : tous en scène. Un peu plus tard dans le ballet, tous les quatre à nouveau, avec Saint-Aignan, le prêteur de chambre, tous déguisés cette fois en « Espagnols ».

Un roi, sur scène ; trois reines dansent autour de lui. La vraie reine est dans la salle et regarde. À quoi pensent-elles toutes ? À quoi pense-t-il ? Et à qui ? Et comment pense-t-il qu'on le voit ? Et comment se voit-il ? Et *qui est-il* ?

XXVIII

Et qu'y a-t-il de commun entre cette brillante Montespan qui danse aux côtés du roi et règne sur un trône offi-
cieux mais officiel, et celle qu'on nous a si souvent décrite
comme un étouffoir, un rabat-joie, un éteignoir, un bonnet de nuit : la Maintenon. À première vue, rien. Moins
que rien : l'absolu contraste, la lumière et l'ombre, le jour
et la nuit, l'huile et l'eau. Qu'est-il arrivé ? Comment
Louis XIV a-t-il pu passer de l'une à l'autre ? La première
trône dans ses atours, resplendissante, brasillante de tous
ses diamants, décochant ses traits d'esprit comme des
flèches, souvent empoisonnées — on disait qu'il était dangereux de passer dans la rue quand elle était à la fenêtre,
à cause de l'assassinat qu'elle risquait de commettre, le
sourire aux lèvres, en une seule phrase ; cela s'appelait,
dit Saint-Simon, « passer par les armes »... La seconde,
vêtue de bleu, plus tard de noir, mantille noire sur la
tête, fait sa broderie au petit point pendant qu'à l'autre
bout de la chambre, le roi travaille avec ses ministres.
Quel est le lien entre ces deux femmes ? Y a-t-il un
seul trait qui leur soit commun, et qui nous permettrait

de comprendre comment elles ont pu se succéder dans la vie du roi?

Il y en a un, fort important et très secret. On doit se souvenir, une fois de plus, que Louis XIV était un timide. Il l'a dit dans ce curieux passage de ses *Mémoires* où il parle de sa prise de pouvoir, en ce fameux 9 mars 1661, où il se raidit, mobilise toute sa force, bande son énergie et, impassible comme sont les timides dans ce cas-là, saute le pas : «Je me sentis élever l'esprit et le courage, je me trouvai tout autre, je découvris en moi ce que je n'y connaissais pas, et je me reprochai avec joie de l'avoir trop longtemps ignoré. Cette première timidité qu'un peu de jugement donne toujours, et qui d'abord me faisait peine, surtout quand il fallait parler en public, se dissipa en moins de rien... »

Qu'il est donc intéressant d'entendre Louis XIV parler de lui-même, et c'est si rare...

Un timide doit faire effort chaque fois qu'il s'adresse à l'autre. Il doit commencer par se vaincre lui-même avant de pouvoir ouvrir la bouche et travailler à convaincre celui auquel il s'adresse. C'est d'ailleurs bien pourquoi les timides sont souvent raides et paraissent froids. Louis XIV, tout le monde l'a dit, parlait peu, par petites phrases laconiques et neutres. Or son «métier» (il l'appelle ainsi...) voulait qu'il fût sans cesse, du matin au soir, dans toutes les situations imaginables de représentation, en train de tenir tête à des hommes, les plus intelligents et les plus compétents, et à les faire plier, Colbert, Lionne, Le Tellier, Le Peletier, Croissy, Louvois, Villeroi, Pontchartrain et combien d'autres, à chaque minute du jour... La vie de Louis XIV pourrait se résumer en un combat épuisant, chaque jour recommencé, contre lui-même, pour se mesurer à des hommes et les dominer. Alors, les femmes ? Quel repos... Non pas seulement le repos du guerrier auquel on pense, encore qu'il ne soit pas négligeable dans ce contexte, ni sans charme ; mais beaucoup plus : le monde féminin devient celui où l'on vous invite à dominer, où l'on vous prie de briller, où l'on vous y aide, où l'on vous rassure. Et voilà le point commun entre ces deux femmes, Montespan et Maintenon. Il n'est pas du tout où on l'attendait.

La première, d'après Saint-Simon, « ce fut aussi le centre de l'esprit, et d'un tour si particulier, si délicat, si fin, mais toujours si naturel et si agréable qu'il se faisait distinguer à son caractère unique... » Et Saint-Simon précise : « Sans autre dessein que de divertir le roi. »

Mme de Montespan, il faut le redire, n'a pas conquis d'abord le désir du roi, mais son esprit. Elle fut, lorsqu'il avait trente ans, celle qui lui a permis de découvrir qu'il pouvait être spirituel, avoir la repartie vive et le mot juste. Marie Mancini avait joué, à sa manière, le même rôle, dix ans plus tôt. Le véritable esprit consiste à en faire venir aux autres. Faire un jeu sur les mots ou une pointe légère, cela n'est pas grand-chose. Mais créer le climat qui va mettre l'autre en situation d'en faire lui-même, c'est cela le grand art du jeu de l'esprit. Il réside dans le ricochet, dans la balle saisie et renvoyée, dans la joute, et l'amour vient du plaisir que l'on éprouve à s'estimer soi-même, à se trouver aimable et drôle. Le reste suit de soi-même. Oui, les Précieuses ont parfois raison : « Tendre sur reconnaissance » envers celle qui épanouit en vous quelque chose que vous ne soupçonniez pas. Écoutez Mme de

Motteville, parlant de la transformation qui est en train de s'opérer chez le roi : « Il commence, il soutient la conversation comme un autre homme »; elle veut bien dire : comme un homme transfiguré.

Voilà pour Montespan. Mme de Sévigné, en une phrase comme souvent, décrit maintenant l'œuvre de Maintenon : « Elle lui a fait connaître un pays nouveau qui lui était inconnu, et qui est le commerce de l'amitié et de la conversation sans contrainte et sans chicane; il en paraît charmé. » Et elle ajoute la précision révélatrice : ces conversations étaient « d'une longueur à faire rêver tout le monde ». Parler, parler pendant des heures seul à seule, c'est en effet ce que tous les témoignages nous montrent de Louis XIV avec Mme de Maintenon : et ce, d'entrée de jeu, dès qu'il l'eut découverte, bien avant que ne commence leur liaison (dont il faut bien dire qu'on ne sait trop ni quand, ni comment, ni dans quels termes...).

On a dit tant de mal de Mme de Maintenon, depuis trois siècles, qu'il y a peu de mérite à en rajouter, et vraiment aucun à dire le contraire. La princesse Palatine ne l'aimait guère, et ne mâchait pas ses mots. Saint-Simon haïssait cette roturière et avait une méchante langue. Les libertins avaient bien des raisons de la détester. Les philosophes des Lumières se méfiaient de cette maîtresse royale devenue épouse infiltrant l'Église dans l'État. Michelet n'aimait pas la seconde partie du règne de Louis XIV. Lavisse exécrait les bigots, et encore plus les bigotes. Comment une femme résisterait-elle à ce feu nourri, à ce mitraillage pendant deux siècles ? Pourtant, elle était belle, et encore à quarante-cinq ans; aimable, douce, spirituelle, et intelligente. « Elle était charmante de sa personne, d'une taille au-dessus de la médiocre, et bien proportionnée, le visage coloré et fort fin, de grands yeux noirs, les plus beaux du monde, les cheveux aussi fort noirs, la bouche assez grande, bien vermeille et bien meublée, le nez fort bien fait, une belle gorge, de beaux bras et de belles mains, de l'esprit plus que les autres femmes, de la complaisance, de l'enjouement. La chrétienne était bien appétissante... »

Après tout, qui fait reproche à Louise de La Vallière d'avoir fini carmélite ? À Françoise de Montespan d'être devenue dame d'œuvres ? Pourquoi ferait-on reproche à Mme de Maintenon d'avoir vieilli, comme tout le monde, et de s'être alors rassise, comme tout le monde ? Au contraire, il faudrait dire qu'elle est intervenue dans la vie du roi à l'heure où il s'installe, à quarante-quatre ans, où il fixe pour la première fois de l'histoire la royauté dans une demeure, et où, par coïncidence, la reine est morte. Elle aurait pu disparaître dix ans plus tôt, ou plus tard ; mais non, elle est morte un an à peine après l'installation de la cour à Versailles, alors que le règne de Louis XIV passe de sa phase heureuse et triomphante à celle des difficultés et des victoires incertaines.

*

Ce qui me paraît au contraire étonnant, et même lumineux, c'est la manière dont les femmes qui se succèdent dans la vie du roi paraissent refléter exactement les moments de son règne ; comment l'atmosphère que dégage chacun d'eux et qui ne ressemble pas à la précédente ni à celle qui suit, ce que l'on respire, l'air, le cadre même dans lequel il évolue, tout semble s'édifier à l'image de la femme qui occupe, au même moment, sa vie.

La Vallière ? C'est un univers aéré et romanesque, avec un parfum d'épopée et de tendresse. C'est le temps où Versailles est davantage un parc qu'un château, où l'on y organise des fêtes de rêve, que Saint-Aignan agence autour d'un thème romanesque et galant, où l'on construit la grotte de Thétis, cette ravissante inutilité baroque et italienne dont les jets d'eau et les cascades ont une espèce de sensualité fraîche comme eux et délicieusement irréelle, qui s'efforce de retrouver l'esprit de Tivoli et enchante La Fontaine.

Montespan ? C'est la seconde fête de Versailles, qui place la luxuriance où était le charme. C'est le petit appartement privé de Saint-Germain, tout en amours et en miroirs ; c'est à Versailles le fameux appartement des Bains, beaucoup moins conçu pour la propreté et pour l'hygiène que pour les plaisirs les plus voluptueux, avec sa piscine de marbre qu'alimentent des eaux parfumées, sa chambre de repos au miroir géant (encore le miroir...) ; c'est le Trianon de porcelaine, construit en l'espace d'un hiver pour mieux accentuer son caractère miraculeux, avec son cabinet des parfums — c'est l'époque où Louis XIV est entêté de parfums ; il les détestera plus tard autant qu'il les a aimés.

Maintenon ? C'est la construction du grand Versailles, mais c'est d'abord la démolition de tout ce qui précédait. Le Versailles que nous avons sous les yeux nous cache tout ce qui existait avant lui. Le grand, beau et noble Trianon de marbre est là, sous nos regards. Nous l'admirons, et nous avons raison, puisque c'est un chef-d'œuvre. Mais il a pris la place de l'exquise fantaisie du Trianon de porcelaine, détruit. L'aile du nord, l'antichambre de la chapelle ont été bâties à l'emplacement de la grotte de Thétis, détruite. L'appartement des Bains, détruit, dès la fin du règne de Mme de Montespan, ou plus exactement (c'est plus cruel) reconverti en appartement d'exil pour l'ancienne maîtresse, après avoir été dépouillé de ses marbres, de ses ors, de ses miroirs et de tout ce qui évoquait la destination voluptueuse de ces lieux... Le Versailles d'aujourd'hui, dans sa grandeur, a effacé tout ce qui, dans les étapes de sa construction, avait été conçu pour le plaisir, un peu comme l'opéra de Lully, dans sa splendeur toute royale, s'est construit sur les décombres de ce qu'avait été le ballet de cour, mais efface aussi la grande tragédie, puisque Racine cesse d'en écrire en 1677, quatre ans après le premier opéra de Lully et aussi la comédie-ballet qui disparaît l'année même de *Cadmus et Hermione*. N'accusons pas Mme de Maintenon plus qu'il ne convient. Elle n'est pas la *cause* du changement d'atmosphère qui se fait à Versailles vers les années 1685-1690. Ce sont les temps qui changent, et le roi lui-même. S'il se marie avec elle, c'est parce qu'elle est à l'image de ces temps nouveaux, plus austères et plus graves. Ce n'est pas elle qui a souhaité détruire le Trianon de porcelaine ; c'est le roi, qui a voulu plus grand, plus noble, plus somptueux. Mais c'est vrai : le Versailles que nous connaissons est davantage à l'image de cette reine de l'ombre qu'à celle de La Vallière, la reine de cœur, ou de Montespan, la sultane reine. Mais c'est bien Louis encore qui les a choisies les unes et les autres, et dans cet ordre.

XXIX

Six heures du soir

La soirée du roi, avant son souper, est de nouveau l'une de ces plages où l'emploi du temps nous paraît incertain, parce qu'il change au long du règne, mais aussi parce que les occupations y sont moins officielles, et donc moins scrupuleusement consignées. Plus tard, après 1683, lorsque la cour sera fixée à Versailles et que Louis XIV aura réglé l'étiquette de manière minutieuse, le programme de la soirée sera déterminé avec une rigueur immuable : tous les lundis, mercredis, vendredis, « appartements », avec le jeu, où la reine dépense sans compter et perd toujours, le billard, où le roi excelle, les collations, les petits concerts. Tous les mardis et jeudis, théâtre, avec des comédiens français ou italiens, en alternance. Tous les samedis, bal. Cette régularité imperturbable ennuie la princesse Palatine.

« L'"appartement", écrit-elle, est une chose bien insupportable. On va au billard et l'on se met sur le ventre, sans que personne dise un mot à l'autre ; l'on reste accroupi jusqu'à ce que le roi ait joué une partie. Alors tout le monde va à la musique ; on chante un acte de vieil opéra qu'on a entendu cent fois. Ensuite on va au bal qui dure de huit à dix heures ; ceux qui comme moi ne dansent pas, restent là, les deux heures assis, sans quitter une seconde leur place et ne voient ni n'entendent qu'un interminable menuet. À dix heures moins le quart, on danse la contre-danse les uns après les autres, comme les enfants réci-tent le catéchisme, et alors le bal prend fin. » Impitoyable Palatine !

Mais ce sont là, encore une fois, les soirées du règne tar-dif, celui du « train qui ne change point », comme dit Mme de La Fayette. D'ailleurs le roi y paraîtra de moins en moins souvent, se contentant des conversations en privé avec Mme de Maintenon, ou du travail : car Louis XIV est un énorme travailleur, aussi affamé de rapports que de nourriture, ce qui, on le verra tout à l'heure, n'est pas peu dire. Le matin, se sont tenus les conseils ; c'est maintenant l'autre part de l'activité politique du roi, celle qui se fait en son particulier, mais qui n'est pas moins ample et diverse : « Il veut tout savoir, dit Primi Visconti, par les ministres, les affaires d'État, par le président, celle des par-lements, par les juges, les moindres choses, par les dames favorites, les galanteries ; en somme, dans une journée, il arrive peu d'événements dont il ne soit informé, et il y a peu de personnes dont il ne sait le nom et les habitudes. »

C'est le caractère informel et retiré de cette activité de la fin du jour qui nous la rend difficile à saisir : il y en a peu de traces. Le roi s'enferme dans son cabinet. Il confère en particulier avec tel ou tel ministre. Il lit des rapports, les annote ; il étudie les plans du nouveau parc ou les projets d'architecture. C'est le moment où il signe les lettres que durant la journée Toussaint Rose a rédigées selon les ordres donnés le matin, qu'il a écrites en imitant la main du roi.

« Je vous assure, écrira Mme de Maintenon, que vous lui pardonneriez si vous voyiez comment ses journées se passent. Il a plus de conseils que jamais, parce qu'il a plus d'affaires, et donne deux ou trois heures par jour à la chasse. Quand il le peut, il rentre à six heures, et est jusqu'à dix sans cesser de lire, d'écrire ou de dicter. Il congédie souvent les princesses, après souper, pour quelque courrier. »

Mais ce n'est pas seulement dans sa vieillesse que Louis XIV devint ce travailleur acharné que décrivent Mme de Maintenon, et aussi Saint-Simon et bien d'autres. Spanheim affirme au contraire qu'il montrait déjà « et dans un âge peu avancé comme celui de vingt-trois ans, une grande application aux affaires, une assiduité aux conseils ».

XXX

Dix heures du soir

Le souper du roi se déroule, à peu de chose près, comme son dîner, à la différence importante qu'au Grand Couvert, le roi soupe avec la reine et les princesses. Nous avons vu ce qu'il boit, voyons ce qu'il mange.

De tout, énormément. La plupart de nos ancêtres étaient gros mangeurs, mais l'appétit de Louis XIV a fasciné tous ceux qui l'ont vu.

La princesse Palatine : « J'ai vu le roi manger, et cela très souvent, quatre pleines assiettes de soupes diverses, un faisan entier, une perdrix, une grande assiette de salade, deux grandes tranches de jambon, du mouton au jus et à l'ail, une assiette de pâtisserie, et puis encore du fruit et des œufs durs. »

Saint-Simon : « Il mangeait si prodigieusement et si solidement soir et matin, et si également encore qu'on ne s'accoutumait point à le voir. » « Ses potages, dont il mangeait matin et soir de plusieurs, et en quantité chacun, sans préjudice du reste, étaient pleins de jus et d'une extrême force, et de tout ce qu'on lui servait plein d'épices, au double au moins de ce qu'on y met ordinairement, et très fortes d'ailleurs. »

Tout comme sa médecine, la cuisine du siècle de Louis XIV se trouve à un tournant, celui, décisif, qui l'oriente vers ce que nous croyons être la cuisine « traditionnelle » de la vieille France.

Nous la croyons très ancienne ; elle ne l'est pas. C'est à peine si le xviiᵉ siècle pose les premiers jalons vers ce dont en imagination nous régalons nos lointains ancêtres. Lentement, très lentement, le goût de cette époque se dégage du vieux goût médiéval pour les épices violentes, pour le sucré-salé et le doux-acide, pour les sauces au verjus, dont se régalaient Charles V et Louis XI. Lentement, il assimile et vulgarise toutes les douceurs sucrées inventées par l'Italie de la Renaissance. C'est vrai : le xviiᵉ siècle est une césure dans l'histoire du goût, et cela se manifeste, comme toujours, par la multiplication des traités, des livres de cuisine, par les injures que les plus novateurs lancent aux plus traditionalistes (à peu près les mêmes, en plus violent, que celles que nous avons entendues lorsque est née la « nouvelle cuisine »), et enfin les expérimentations et les découvertes : l'emploi du beurre, les nouveaux légumes, asperge, salade, petits pois, pour lesquels on fait des folies.

L'histoire du goût est beaucoup plus complexe qu'on ne croit, et son évolution beaucoup plus lente, car elle est irrationnelle et repose, pour beaucoup, sur l'habitude.

Pour compliquer les choses, le vocabulaire est là pour nous tromper. Ainsi, Saint-Simon vient de nous dire que

Louis XIV mangeait à chaque repas plusieurs « potages » : nous voyons aussitôt le roi, muni d'une grande cuiller, avaler des litres de soupe. Erreur ! Un potage, au xviie siècle, n'a rien de ce que nous appelons de ce vieux et vénérable mot, tout parfumé pour nous des soupières de nos grand-mères.

On appelle alors « potage » tout ce qui cuit dans un « pot », c'est-à-dire dans une marmite : c'est seulement ce qui s'oppose au « rôt », qui est cuit à la broche sur la flamme. Un potage n'est pas une soupe, c'est ce que Lévi-Strauss appellerait du « bouilli ». Ce que nous nommons « pot-au-feu » était donc un potage, que l'on cuisait sur le « potager », ancêtre de nos fourneaux. La poule au pot du roi Henri était un potage. Mais, dans ce domaine, on connaissait alors des raffinements que nous avons perdus. Le bouillon était la base de toute cuisine. On en faisait de toutes sortes, on les mêlait, on dosait avec soin volaille, mouton, bœuf, ou bien poissons de diverses espèces, on cuisait le chapon aux huîtres... De même, la pâtisserie n'était pas nécessairement un gâteau sucré : tout pâté, cuit au four, était pâtisserie, et Ragueneau, « maître pâtissier de monsieur le cardinal », cuisait des pâtés en croûte autant que des tourtes.

Ainsi, quand on lit que le repas du roi commençait par « deux grands potages et quatre petits », mesurons la chose à l'échelle de son temps, et non du nôtre. D'après les menus consignés sur les *Registres de la Bouche du roi pour l'année 1683* (l'un des seuls qui soient expressément parvenus jusqu'à nous), voici ce que cela donne.

Deux grands Potages : deux chapons vieux et quatre perdrix aux choux.

Deux petits Potages : six pigeonneaux de volière pour l'un et des crêtes de volaille pour l'autre.

Deux petits Potages en hors-d'œuvre : un chapon haché et une perdrix.

Après les potages dont, souligne Saint-Simon, il mangeait « plusieurs », ce qui aurait suffi, je pense, à nous rassasier, venaient les *Entrées*.

Deux grandes Entrées : un quartier de veau de vingt livres et douze pigeons en tourte.

Deux petites Entrées : six poulets fricassés et deux perdrix en hachis.

Quatre petites Entrées en hors-d'œuvre : trois perdrix au jus, deux dindons grillés, trois poulets gras aux truffes et six tourtes à la braise.

Puis les *Viandes bouillies* : une pièce de bœuf de dix livres, un haut côté de mouton, un chapon, une pièce de veau, trois poulets.

Le *Rôt* : deux chapons gras, neuf poulets, neuf pigeons, deux hétoudeaux, six perdrix, quatre tourtes.

L'*Entremets* : six perdrix, deux bécasses, trois sarcelles.

Le *Fruit* : deux bassins de porcelaine remplis de fruits crus, et deux autres remplis de confitures sèches et de quatre compotes ou confitures liquides.

Les *Registres de la Bouche* ne parlent pas des légumes. On sait pourtant que Louis XIV raffolait de la salade, s'empiffrait d'asperges et de concombres et surtout de petits pois. C'était alors une nouveauté, rapportée d'Italie en 1660, et pour laquelle le roi eut un véritable coup de foudre. Il dura longtemps, puisque quarante ans plus tard, Mme de Maintenon écrivit : « Le chapitre des pois dure toujours ; l'impatience d'en manger, le plaisir d'en avoir mangé, et la joie d'espérer en manger encore, sont tous les points que j'entends traiter depuis quatre jours. Il y a des dames qui, après avoir soupé avec le roi, et bien soupé, trouvent des pois chez elles, pour manger avant de se coucher. » Car, une fois encore, ce que le roi aime devient fureur.

XXXI

L'appétit de Louis XIV est une chose. La manière dont il mange en est une autre.

Je ne crois pas que soit indifférent le fait qu'il mange avec ses doigts, et qu'il interdise en sa présence l'usage de la fourchette. Elle existe pourtant depuis un siècle. C'est, comme tant de choses, une invention italienne, qui s'est introduite en France sous le règne de Catherine, et son fils Henri III, avec ses mignons, l'a mise à la mode. La France résiste un peu, mais enfin elle y vient. Au milieu du siècle, sur les gravures et les tableaux, on voit à la même table des convives qui l'utilisent et d'autres qui mettent la main à l'assiette. Pour Louis XIV, c'est autre chose : il la refuse, il l'interdit, même à ses petits-fils.

La princesse Palatine : « On avait par politesse appris au duc de Bourgogne et à ses deux frères de se servir de la fourchette en mangeant. Mais quand ils furent admis à la table du roi, celui-ci n'en voulut rien savoir et leur défendit. »

Ainsi, pour Louis XIV, le contact avec la nourriture commence avec la main. Il faut toucher, il faut palper, il faut prendre, il faut porter à sa bouche avec les doigts.

Louis XIV ne mange pas : il ingurgite. Pardon pour l'incongruité de la chose, mais on doit prendre les preuves historiques où elles sont, et le *Journal de la santé du roi* nous parle des gros morceaux d'artichaut non mâchés et des petits pois tout ronds que l'on retrouve dans les matières que ses médecins ont à examiner chaque jour, puisque c'est là un des seuls moyens de diagnostic que l'on connaisse à l'époque. Louis XIV déguste davantage avec les doigts qu'avec la bouche.

Ce n'est pas à dire que le Roi-Soleil ne soit qu'un vorace. Il n'a pas un goût particulier pour les grosses nourritures pesantes, celles qui « rassasient d'abord », comme dit Harpagon. Son goût est fin, quoi que dise Saint-Simon, et ce qu'il aime est à la pointe de ce mouvement qui se dessine de son temps. Dans le domaine de ce qu'on n'appelle pas encore la « gastronomie », il joue un rôle aussi important et avec un goût aussi sûr que dans les arts. Mais sa manière de manger révèle une âpreté, une violence dans ce qu'on appelait alors l'« appétit » et que nous appelons le « désir ».

C'est cette violence qui étonne.

La seule colère non maîtrisée que l'on connaisse, dans toute la vie de Louis XIV, a trait à la nourriture, et elle est si incongrue, elle ressemble si peu à ce que nous savons, ou croyons savoir, du Roi-Soleil, qu'on en est effaré. On a pu le voir saisissant les pincettes dans la cheminée, lors d'une discussion rude avec Louvois. On a pu l'entendre hausser le ton et parler « avec un peu d'émotion » à ses architectes : dans la langue pleine de retenue et de litotes de Charles Perrault, cela suppose une grosse colère. Mais jamais, que l'on sache, on n'a vu Louis XIV s'oublier,

204

perdre le contrôle de lui-même. Sauf une fois. Pendant qu'on dessert sa table, à la fin de son dîner, il aperçoit un laquais qui met un biscuit dans sa poche. Le roi bondit : « Ce prince, raconte Saint-Simon, si égal à l'extérieur et si maître de ses moindres mouvements, dans l'instant oublia toute sa dignité, et, sa canne à la main, qu'on venait de lui rendre avec son chapeau, court sur le valet, le frappe, l'injurie et lui casse sa canne sur le corps ; à la vérité, elle était de roseau et ne résista guère. »

*

Il faut s'arrêter un moment sur cette affaire de canne brisée sur le dos d'un laquais chapardeur de biscuit. D'abord, Saint-Simon lui-même la raconte avec, plus que de l'étonnement, une sorte de stupéfaction devant la violence, la brutalité, et surtout devant l'incohérence de la réaction du roi. Et il y a un curieux rapprochement, que Saint-Simon ne fait pas, mais que nous ferons à sa place, en allant un peu plus loin que lui.

La canne brisée sur le dos d'un laquais est exactement symétrique de la canne jetée par la fenêtre pour ne pas battre Lauzun. Dans l'affaire de la canne brisée, nous avons l'unique cas où l'Histoire et les historiens fouineurs aient pu surprendre Louis XIV hors de ses gonds, ayant perdu, pour un instant, la maîtrise de lui-même, de ses gestes, de ce que nous appelons dans notre jargon ses « impulsions », ou même « pulsions ». Autrefois, on aurait dit qu'il « s'était oublié », ce qui est une autre manière de voir (oublier quoi ? — sa dignité, dit Saint-Simon). Dans l'autre cas, nous avons un geste au contraire superbement maîtrisé, théâtral, au plus fort sens du mot, c'est-à-dire véritablement mis en scène, avec un effet de dramatisation qu'admire Saint-Simon : « La plus belle action de sa vie. » Dans l'un et l'autre cas, Saint-Simon est stupéfait. Soyons-le aussi, et essayons de comprendre.

Faisons d'abord table rase des mauvais arguments. Ne disons pas que l'un est un laquais et l'autre un duc. L'argument ne vaut pas. Il y a infiniment plus de mépris dans la canne jetée par la fenêtre « pour ne pas frapper un gentilhomme » que dans la canne brisée, et l'on a maint exemple de l'attitude conciliante et paternelle du roi, quand son entourage gronde un valet qui a commis une erreur, ou le concierge qui s'est trouvé en retard pour ouvrir la grille : « Laissez, il est bien assez peiné comme cela. »

Essayons au contraire de bien replacer la scène — car c'est bien une scène : à la cour, on est toujours au théâtre.

Voici Louis, Dieudonné, roi de France et de Navarre, Fils aîné de l'Église, Roi-Soleil. Il est derrière sa table, face au public : princes, fils de France, ducs, marquis, ambassadeurs et quelques autres, tous debout. Autour de lui, derrière lui, gardes, gentilhomme du Prêts, gentilhomme de la Bouche, Écuyer tranchant, et les autres. Dans son assiette, coup sur coup, six potages, six entrées, bouilli, rôti, entremets, fruit. Le roi avale sans mâcher. Il ne mange pas : il ingurgite. On le regarde faire. Il regarde ceux qui regardent. Même ceux qui fréquentent la cour ouvrent, une fois de plus, de grands yeux : « On ne s'accoutumait point à le voir. » Louis XIV en majesté, derrière sa table, s'empiffre comme un roi.

Et voici tout à coup qu'en face de lui, un laquais, un bouffon, un Sganarelle, un Scapin, vole un biscuit et qu'il l'aperçoit.

« DOM JUAN : Il me semble que tu as la joue enflée : Qu'est-ce que c'est ? Parle donc ! Qu'as-tu là ?

SGANARELLE : Rien.

DOM JUAN : Montre un peu. Parbleu ! c'est une fluxion qui lui est tombée sur la joue. Vite, une lancette pour percer cela ! Ah ! coquin que vous êtes ! »

Encore une scène qu'on croirait que Molière a croquée sur le vif. On n'en finit pas de retrouver la cour au quotidien dans ses comédies... Et cette scène-là durera jusqu'à Mozart.

Avant d'aller plus loin, peut-être sera-t-il bon de placer en face de celle-ci une autre scène, pour mieux creuser la perspective.

Un jour, le fameux Scaramouche, cet acteur italien de génie qui venait régulièrement dans la chambre de Louis XIV enfant et le faisait rire aux éclats, Tiberio Fiorilli, se trouve au dîner du roi. Il y venait apparemment souvent, jusque dans sa vieillesse, car plusieurs anecdotes nous l'y montrent. Il est face au roi, au premier rang du public, mais il y joue son rôle et fait le pitre. Potages, entrées, rôt défilent devant lui. Roulant des yeux, se frottant le ventre, il mime, à la manière si expressive de la *commedia dell'arte*, une énorme fringale, qui fait rire tous les assistants. Le roi rit. On apporte justement, sur un plat de vermeil, l'entremets : six perdrix rôties. Le roi, riant : « Qu'on donne ce plat à Scaramouche. » Fiorilli : « Ah ! Sire ! Et les perdrix aussi ? »

Quand Scaramouche s'amuse ainsi à mimer la goinfrerie pendant que le roi mange, il ne commet pas un délit de lèse-majesté. Pourquoi ? Parce qu'il est dans son rôle. Il est Scaramouche, sa fonction est de donner une parodie burlesque du monde, facétieuse parfois, cruelle quelquefois. En jouant sa partie, même cruellement, ce que l'histoire ne dit pas, il entre dans le jeu du roi. Il y a le roi et le bouffon : tout est dans l'ordre. Le bouffon commente comiquement l'énorme appétit du roi : il le conforte ainsi dans son propre rôle. Le jeu est si parfaitement établi entre eux que le roi, sans sortir de sa fonction, peut se permettre de jouer lui-même et de donner sa réplique dans son propre registre : son intervention est comique et royale en même temps, et pleine d'à-propos. Scaramouche vient ainsi de participer à sa manière à la gloire du roi. Il a consacré, par la transcription comique qu'il en a faite, cet élément particulier de la gloire du roi en représentation, qui est de manger colossalement. Le résultat est satisfaisant pour tous les deux, si excellent même que Fiorilli en rajoute, invente un nouveau *lazzo*, répond du tac au tac et rentre chez lui avec un plat de vermeil sous le bras.

Mais le laquais qui dérobe un biscuit, lui, fausse le jeu ; par l'intervention d'un élément non conforme, sordide et vil, il casse la représentation : il désigne la gourmandise sous la forme du vol. L'appétit, le désir de manger se montrent tout à coup sous l'apparence d'un vice, d'un délit, d'un péché, et le valet renvoie au roi l'image insupportable, inacceptable, de la goinfrerie doublée du vol, contrefaçon intolérable de la royale gloutonnerie, brusquement profanée. Voilà le roi obligé de se regarder lui-même dans cette parodie ; l'espace d'une seconde, il s'entrevoit, non plus en roi mangeant comme un roi dans sa fonction de roi, mais « satisfaisant ses appétits gloutons ». Saint-Simon en dit plus qu'il ne pense : « Ce prince, si égal à l'extérieur et si maître de ses moindres mouvements, dans l'instant oublia sa dignité. » C'est que, justement, l'espace d'un instant, il en a été dépouillé. Le temps d'un éclair, Louis a pu se voir, non pas « roi et né pour l'être », mais découronné, ravalé. Et, aussitôt, cette stupéfiante colère le saisit. « Il court », dit Saint-Simon, et casse sa canne sur le dos de l'auteur de cette sorte de déchéance entraperçue.

*

La nourrice, Pierrette Du Four, nous avait fait entrevoir, bien avant le Lever, la double face du personnage royal. Ce Janus a vécu sa journée : il se dénoue, à la fin du jour. Qui mange ? Un vorace, un boulimique, celui même qui mordait les seins de sa nourrice avec ses deux petites dents de naissance, déjà affamé, déjà anxieux d'être rassasié, peut-être inquiet d'imaginer qu'il pourrait ne l'être pas ? Ou bien est-ce Sa Majesté, que chacun contemple dans sa splendeur, mettant la main à son assiette, « si proprement », dit Saint-Simon ? Est-ce celui qui se nourrit, ou bien celui qui, en mangeant, joue un roi de théâtre ?

Quand une scène est jouée, on prend avec elle le recul du théâtre, la « distanciation », comme disait Bertolt Brecht, le « paradoxe du comédien », comme avant lui disait, dans l'autre sens, Diderot. Si vraie, si meurtrissante, si touchante, si cruelle que soit la scène jouée, ni l'acteur ni celui qui le regarde ne sont blessés, meurtris, touchés directement dans leur personne : même s'ils se reconnaissent et qu'ils souffrent. L'acteur a joué le rôle d'un autre homme, le spectateur a vu un autre que lui-même jouer un autre : chacun est concerné, personne n'est visé. Tout le jour Louis, Dieudonné, a joué Louis, Roi-Soleil. Il a même si bien joué que, sur le ton de la comédie aimable, Scaramouche lui a donné la réplique *a l'improvisto*, comme on fait en Italie dans la *commedia dell'arte*. Et cette réplique était si bonne que le roi a trouvé la sienne, et ainsi de suite : et le public applaudissait.

Gare au laquais gourmand et voleur qui va rompre le jeu du spectacle et renvoyer à Louis une image pire que cruelle : *crue*, c'est-à-dire non distanciée, directe, qui lui ferait entrevoir, l'espace d'une seconde, qu'il est nu et affamé. Affamé de quoi? C'était justement la question qu'il n'aurait pas fallu poser...

Heureusement, un roi est toujours le fils d'un roi. C'est la différence avec un tyran. Un mauvais roi, un méchant roi est celui qui ne se souvient pas de son père, et qui ne pense pas à son fils. Alors, il devient tyran, en effet. Quelle que soit sa faim de gloire, ou de galops, ou de secrets politiques, ou de belles reines, ou de faisans rôtis, un roi n'est jamais roi que parce qu'avant lui son père l'était. On n'est pas roi parce qu'on l'a voulu soi-même.

Quelle que soit l'anxiété secrète qui règne dans le cœur d'un roi, l'irresponsabilité où il est de son destin est source d'une sorte de paix. Il faut être le pauvre Charles IX pour que l'angoisse l'emporte à ce point sur elle. Il est vrai que son père mourut dans un tournoi, ce qui est une malheureuse fin pour un roi, et que Catherine était là, présence trop forte, trop lourde, pour qu'il pût être roi tout à fait. C'est bien pourquoi le pauvre Charles IX allait pleurer sur son impitoyable destin dans les bras de sa nourrice, et non dans ceux de sa mère.

Et c'est pourquoi peut-être aussi, lorsque Louis XIV, en de rares, très rares occasions, sortait tout à coup de son personnage de théâtre, il prenait peur, et alors il brisait sa canne sur le dos du malheureux qui lui avait fait entrevoir l'incroyable distance entre le roi qu'il voulait être et l'homme qu'il était, et qui n'avait pas à être vu, même de lui.

Après tout, ce grand théâtre de la monarchie, cette incessante représentation, qui nous paraît si lourde, si oppressante, si elle était, au fond, une liberté ? Le chevalier de Méré, l'un des esprits les plus subtils du xviie siècle, que veut-il dire, quand il écrit : « Je suis persuadé qu'en beaucoup d'occasions, il n'est pas inutile de regarder ce qu'on fait comme une comédie, et de s'imaginer qu'on joue un personnage de théâtre. Cette pensée empêche d'avoir rien trop à cœur, et donne ensuite une liberté de langage et d'action qu'on n'a point quand on est troublé de crainte et d'inquiétude » ?

XXXII

Minuit

Le matin, on avait le Petit Lever, puis le Grand Lever. Le soir, Grand Coucher, Petit Coucher; la vie du roi est d'une parfaite symétrie. Quand la cour est sortie, restent le Premier valet de chambre, dont on a fait le lit de camp, et le Premier médecin. On ne sait pas si la nourrice vient le soir — sans quoi, étant entrée la première, elle serait sortie la dernière. Le roi a revêtu sa robe de chambre, ses mules et son bonnet de nuit. Il donne à manger à ses chiens : les derniers, ce sont eux.

Mais non.

Louis XIV dispose de quatre chambres, comme on a vu. Il se couche dans sa chambre d'apparat. Dans laquelle va-t-il dormir? Dans celle de la reine, toujours. Tout de suite? Pas sûr. La Grande Mademoiselle a quelquefois de l'humour : « Un jour, en dînant, la reine se plaignit de quoi il se couchait trop tard, et se tourna de mon côté et dit : "Le roi ne s'est couché qu'à quatre heures; il était grand jour. Je ne sais à quoi il peut s'amuser." Il lui dit :

"Je lisais des dépêches et j'y faisais réponse." Elle lui dit :
"Mais vous pourriez prendre une autre heure." Il sourit,
et pour qu'elle ne le vît pas, il tourna la tête de mon côté.
J'avais bien envie d'en faire autant ; mais je ne levai pas les
yeux dessus mon assiette. »

Composé et achevé d'imprimer
par la Société Nouvelle Firmin-Didot
à Mesnil-sur-l'Estrée, le 6 novembre 2000.
Dépôt légal : novembre 2000.
Numéro d'imprimeur : 52553.
ISBN 2-07-075944-X/Imprimé en France.

96945